O Ocidente dividido

FUNDAÇÃO EDITORA DA UNESP

Presidente do Conselho Curador
Mário Sérgio Vasconcelos

Diretor-Presidente
Jézio Hernani Bomfim Gutierre

Editor-Executivo
Tulio Y. Kawata

Superintendente Administrativo e Financeiro
William de Souza Agostinho

Conselho Editorial Acadêmico
Carlos Magno Castelo Branco Fortaleza
Henrique Nunes de Oliveira
Jean Marcel Carvalho França
João Francisco Galera Monico
João Luís Cardoso Tápias Ceccantini
José Leonardo do Nascimento
Lourenço Chacon Jurado Filho
Paula da Cruz Landim
Rogério Rosenfeld
Rosa Maria Feiteiro Cavalari

Editores-Assistentes
Anderson Nobara
Leandro Rodrigues

JÜRGEN HABERMAS

O Ocidente dividido

Pequenos escritos políticos X

Tradução

Bianca Tavolari

© Suhrkamp Verlag Frankfurt am Main 2004
© 2011 Editora Unesp

Título original: *Der gespaltene Westen: Kleine Politische Schriften X*

Direitos de publicação reservados à:
Fundação Editora da Unesp (FEU)
Praça da Sé, 108
01001-900 – São Paulo – SP
Tel.: (0xx11) 3242-7171
Fax: (0xx11) 3242-7172
www.editoraunesp.com.br
www.livrariaunesp.com.br
feu@editora.unesp.br

CIP – Brasil. Catalogação na publicação
Sindicato Nacional dos Editores de Livros, RJ

H1190

Habermas, Jürgen
  O Ocidente dividido: pequenos escritos políticos X / Jürgen Habermas; tradução Bianca Tavolari. – 1.ed. – São Paulo: Editora Unesp, 2016.

  Tradução de: *Der gespaltene Westen: Kleine Politische Schriften X*
  ISBN 978-85-393-0651-0

  1. Atentado terrorista de 11 de setembro de 2001. 2. Filosofia política. 3. Política internacional. 4. Relações internacionais. 5. Europa – Relações exteriores. 6. Estados Unidos – Relações exteriores. I. Tavolari, Bianca. II. Título.

16-36596   CDD: 327
                                                                       CDU: 327

A publicação desta obra foi amparada por um auxílio do
Goethe-Institut, fundado pelo Ministério alemão de Relações Exteriores.

Editora afiliada:

Sumário

Introdução à Coleção . *7*

Apresentação à edição brasileira . *11*
  Raphael Neves

Prefácio . *21*

I Depois do Onze de Setembro . *23*
  1 Fundamentalismo e terrorismo . *25*
  2 O que significa a derrubada do monumento? . *53*

II A voz da Europa na multiplicidade de
   vozes de suas nações . *67*
  3 O 15 de fevereiro ou:
     o que une os europeus . *69*
  4 O núcleo da Europa como contrapoder?
     Questões . *81*
  5 Relações entre a Alemanha e a Polônia . *91*
  6 É necessária a formação de uma identidade
     europeia? E ela é possível? . *103*

Jürgen Habermas

III Olhares para um mundo caótico . *123*

   7 Uma entrevista sobre guerra e paz . *125*

IV O projeto kantiano e o Ocidente
dividido . *159*

   8 A constitucionalização do direito
internacional ainda tem uma chance? . *161*

Referências bibliográficas . *271*

Índice onomástico . *279*

Introdução à Coleção

Se desde muito tempo são raros os pensadores capazes de criar passagens entre as áreas mais especializadas das ciências humanas e da filosofia, ainda mais raros são aqueles que, ao fazê-lo, podem reconstruir a fundo as contribuições de cada uma delas, rearticulá-las com um propósito sistemático e, ao mesmo tempo, fazer jus às suas especificidades. Jürgen Habermas consta entre estes últimos.

Não se trata de um simples fôlego enciclopédico, de resto nada desprezível em tempos de especialização extrema do conhecimento. A cada passagem que Habermas opera, procurando unidade na multiplicidade das vozes das ciências particulares, corresponde, direta ou indiretamente, um passo na elaboração de uma teoria da sociedade capaz de apresentar, com qualificação conceitual, um diagnóstico crítico do tempo presente. No decorrer de sua obra, o diagnóstico se altera, às vezes incisiva e mesmo abruptamente, com frequência por deslocamentos de ênfase; porém, o seu propósito é sempre o mesmo: reconhecer na realidade das sociedades modernas os potenciais de emancipação e seus obstáculos, buscando apoio em pesquisas empíricas e nunca deixando de justificar os seus próprios critérios.

Certamente, o propósito de realizar um diagnóstico crítico do tempo presente e de sempre atualizá-lo em virtude das transformações históricas não é, em si, uma invenção de Habermas. Basta se reportar ao ensaio de Max Horkheimer sobre "Teoria Tradicional e Teoria Crítica", de 1937, para dar-se conta de que essa é a maneira mais fecunda pela qual se segue com a Teoria Crítica. Contudo, se em cada diagnóstico atualizado é possível entrever uma crítica ao modelo teórico anterior, não se pode deixar de reconhecer que Habermas elaborou a crítica interna mais dura e compenetrada de quase toda a Teoria Crítica que lhe antecedeu – especialmente Marx, Horkheimer, Adorno e Marcuse. Entre os diversos aspectos dessa crítica, particularmente um é decisivo para compreender o projeto habermasiano: o fato de a Teoria Crítica anterior não ter dado a devida atenção à política democrática. Isso significa que, para ele, não somente os procedimentos democráticos trazem consigo, em seu sentido mais amplo, um potencial de emancipação, como nenhuma forma de emancipação pode se justificar normativamente em detrimento da democracia. É em virtude disso que ele é também um ativo participante da esfera pública política, como mostra boa parte de seus escritos de intervenção.

A presente Coleção surge como resultado da maturidade dos estudos habermasianos no Brasil em suas diferentes correntes e das mais ricas interlocuções que sua obra é capaz de suscitar. Em seu conjunto, a produção de Habermas tem sido objeto de adesões entusiasmadas, críticas transformadoras, frustrações comedidas ou rejeições virulentas – dificilmente ela se depara com a indiferença. Porém, na recepção dessa obra, o público brasileiro tem enfrentado algumas dificuldades que esta Coleção pretende sanar. As dificuldades se referem principalmente à ausência de tradução de textos importantes e à falta de uma padronização terminológica nas traduções existentes, o que, no mínimo, faz obscurecer os laços teóricos entre os diversos momentos da obra.

Incluímos na Coleção praticamente a integralidade dos títulos de Habermas publicados pela editora Suhrkamp. São cerca de quarenta volumes, contendo desde as primeiras até as mais recentes publicações do autor. A ordem de publicação evitará um fio cronológico, procurando atender simultaneamente o interesse pela discussão dos textos mais recentes e o interesse pelas obras cujas traduções ou não satisfazem os padrões já alcançados pela pesquisa acadêmica, ou simplesmente inexistem em português. Optamos por não adicionar à Coleção livros apenas organizados por Habermas ou, para evitar possíveis repetições, textos mais antigos que foram posteriormente incorporados pelo próprio autor em volumes mais recentes. Notas de tradução e de edição serão utilizadas de maneira muito pontual e parcimoniosa, limitando-se, sobretudo, a esclarecimentos conceituais considerados fundamentais para o leitor brasileiro. Além disso, cada volume conterá uma apresentação, escrita por um especialista no pensamento habermasiano, e um índice onomástico.

Os editores da Coleção supõem que já estão dadas as condições para sedimentar um vocabulário comum em português, a partir do qual o pensamento habermasiano pode ser mais bem compreendido e, eventualmente, mais bem criticado. Essa suposição anima o projeto editorial desta Coleção, bem como

Jürgen Habermas

a convicção de que ela irá contribuir para uma discussão de qualidade, entre o público brasileiro, sobre um dos pensadores mais inovadores e instigantes do nosso tempo.

Comissão Editorial

Antonio Ianni Segatto
Denilson Luis Werle
Luiz Repa
Rúrion Melo

Apresentação à edição brasileira

Raphael Neves*

"Não nos enganemos: a autoridade normativa dos Estados Unidos está em ruínas." É assim, de forma incisiva, que Jürgen Habermas descreve as mudanças pelas quais o mundo vem passando desde os atentados terroristas de Onze de Setembro. O presente livro reúne uma série de contribuições do filósofo alemão depois do atentado e que são fundamentais para compreender sua obra mais recente. De um lado, fica claro como Habermas elabora um *diagnóstico* do tempo presente a partir de reflexões sobre os acontecimentos mais decisivos do início do século XXI. A primeira das entrevistas publicadas nesta obra foi feita ainda em dezembro de 2001. Nela e nos outros textos aqui reunidos é possível enxergar como Habermas compreende o abalo (mas não o fim) das estruturas normativas da política internacional construídas após a Segunda Guerra sob forte influência americana. A Organização das Nações Unidas e o direito internacional despontavam então como os pilares

---

* Doutor em ciência política pela New School for Social Research em Nova York.

de um sistema que buscava suprimir a guerra como mecanismo legítimo de ação política de Estados soberanos. O Onze de Setembro e a posterior "doutrina Bush" parecem ser um ponto de mudança que deu espaço para a legitimação de "guerras preventivas" e uma deturpada interpretação do capítulo VII da Carta da ONU.

Por outro lado, Habermas faz um enorme esforço para nos oferecer um *prognóstico* que pode servir como um guia de ação. Nesse sentido, o capítulo mais extenso do livro procura responder, afirmativamente, à pergunta se a constitucionalização do direito internacional ainda tem alguma chance de ocorrer. É aí que Habermas usa sua caixa de ferramentas teóricas para propor um cosmopolitismo de inspiração kantiana. Mas antes de enfrentarmos o ponto fundamental, a "constitucionalização do direito internacional", é preciso buscar no próprio Kant um problema que reaparece ao longo deste e de outros trabalhos de Habermas.

A Kant é atribuída geralmente uma posição "idealista" das relações internacionais. Porém, um de seus escritos mais conhecidos, a *Paz perpétua*, inspirado pelo primeiro tratado da Paz da Basileia assinado entre França e Prússia em 1795, marca uma mudança um tanto quanto pragmática (para não dizer "realista") na sua obra política. Pouco mais de uma década antes, Kant escrevera *Ideia de uma história universal de um ponto de vista cosmopolita*, afirmando que uma sociedade civil regida por leis é a tarefa mais elevada da natureza para a espécie humana. É daí sua famosa metáfora de que as árvores num bosque crescem de modo belo e aprumado em busca do ar e do sol acima de si, enquanto uma árvore isolada e em total liberdade lança galhos a seu bel-prazer, crescendo de forma sinuosa e encurvada. De modo análogo, o direito possibilita que a liberdade de cada um coexista com a liberdade de todos. No plano externo isso não é diferente, diz Kant. É desejável abandonar um estado de selvageria sem leis para adentrar em uma "federação de nações" (*Völkerbund*) em que todo Estado, por menor que seja, possa esperar sua segurança e direito de um "poder unificado e da decisão segundo leis de uma vontade unificada".[1] A questão que se coloca neste ponto é a seguinte: em que medida um "poder unificado" e uma "vontade unificada" pressupõem algo como um governo mundial, ou seja, uma organização supranacional que exerça poder sobre os demais Estados?

Em 1793, ao perceber os riscos de submeter todos a um único governo (ainda que cosmopolita), ele propõe uma federação que funcione sob um direito internacional voluntariamente aceito. Mas, uma vez criado, todos devem se submeter a um "Estado universal de nações" (*allgemeinen Völkerstaat*) e suas "leis coercitivas" (*Zwangsgesetzen*).[2] É apenas na *Paz perpétua*, dois anos depois, que Kant irá finalmente formular uma ideia de federação sem pressupor que os Estados devam se submeter a um único poder, ou seja, a uma espécie de Estado supranacional. Não que a criação de uma "república mundial" estivesse totalmente descartada, pois ela ainda permanece como um ideal racional, isto é, normativo. Entretanto, Kant assume uma posição mais factível segundo a qual os Estados não abririam mão de sua soberania em favor de um governo mundial, mas sim formariam uma espécie de confederação de nações.

---

1 Kant, *Ideia de uma história universal de um ponto de vista cosmopolita*, p.13.

2 Para uma interpretação, bastante influente no trabalho de Habermas, desse desenvolvimento do pensamento kantiano, ver McCarthy, "On Reconciling Cosmopolitan Unity And National Diversity", p.235-74.

Apesar de empregar o mesmo termo "federação" do texto de 1784, no qual também fazia menção a um "grande corpo político" (*Staatskörper*) e a um "poder unificador", é na *Paz perpétua* que Kant reconhece que não é vontade das nações formar um "Estado de nações" e que a ideia de uma "república mundial" não pode ser efetivada. Assim, a federação (*Völkerbund*) na *Paz perpétua* aparece como uma "liga da paz" (*foedus pacificum*) que pode abranger todos os demais Estados sem, contudo, subordiná-los a uma autoridade supranacional soberana. Em vez de leis coercitivas emanadas de uma única autoridade, Kant passa então a tratar do direito cosmopolita como um direito de hospitalidade, ou seja, o direito que um estrangeiro tem de não ser tratado com hostilidade quando chega a um outro território.

A ambiguidade que perpassa esses escritos kantianos – entre a formação de um "Estado de nações" e a de uma confederação de Estados soberanos – também deixa rastro nos textos de Habermas. Nos anos 1990, trabalhos como *Die Einbeziehung des Anderen* [A inclusão do outro] (1996) não descartavam o uso de sanções para que o direito cosmopolita fosse observado pelos membros da "comunidade dos povos". Em *Die Postnationale Konstellation* [A constelação pós-nacional] (1998), Habermas interpreta o surgimento de diferentes formas de "governança" (por exemplo a ONU, a União Europeia e a Organização Mundial do Comércio) como um modo de ampliar a eficácia de mecanismos institucionais que lidam com problemas globais como a poluição, as trocas comerciais e de informação, os fluxos de capitais, assim por diante. Nesse sentido, o projeto da União Europeia já chamava a atenção como uma promessa que poderia combinar eficácia institucional e legitimidade democrática. Talvez o texto em que Habermas seja mais explícito

O Ocidente dividido

com relação à necessidade de maior institucionalização das normas do direito cosmopolita seja o artigo "Bestialidade e humanidade" (1999), publicado logo após os bombardeios da Otan durante a Guerra do Kosovo. Nele, Habermas adverte:

> A juridificação sistemática das relações internacionais não é possível sem procedimentos estabelecidos para solução de conflitos. Justamente a institucionalização desses procedimentos protegerá o tratamento, juridicamente domesticado, das violações aos direitos humanos contra uma desdiferenciação do direito bem como uma discriminação moral não mediada contra "inimigos".[3]

Diante de uma nova guerra na Europa, Habermas fazia um apelo para que o projeto de uma ordem jurídica cosmopolita se realizasse de uma vez por todas. A incredulidade kantiana e mesmo o receio de que o surgimento de um "governo mundial" pudesse levar a algum tipo de despotismo em escala global agora dava lugar a algo pior: o surgimento de uma zona cinzenta entre direito e moral na qual o cosmopolitismo pudesse ser usado como uma ferramenta de desumanização. Em outras palavras, sem a institucionalização de mecanismos de proteção dos direitos humanos, resta apenas a denúncia moral (e por vezes discricionária) das violações. E isso abre espaço para o que Carl Schmitt chamava de "luta contra o mal", ou seja, quem quer que seja declarado "inimigo da humanidade" é sempre passível de retaliação violenta. Em contraposição, a institucionalização dos direitos humanos através, por exemplo, de uma corte

---

3 Habermas, Bestialidade e humanidade: uma guerra no limite entre direito e moral, *Cadernos de Filosofia Alemã*, n.5, p.84 (tradução ligeiramente alterada).

Jürgen Habermas

internacional (lembrando que o Tribunal Penal Internacional só entraria em funcionamento anos mais tarde, em 2002), estabelece uma série de procedimentos não arbitrários para a resolução de conflitos. Só se pode condenar alguém por violações de direitos humanos depois de ouvido o contraditório e apresentadas provas, o que impede que esses mesmos direitos sejam astuciosamente utilizados como justificativa para outras violações.

Posto de maneira diferente, ao invocar uma "guerra ao terror" anos mais tarde, Bush buscou legitimar a invasão do Afeganistão e do Iraque, as torturas em Guantánamo e Abu Ghraib precisamente em termos de uma luta contra o mal; portanto, não precisava de mediação do direito internacional. É aí que Habermas vê uma mudança perigosa no papel desempenhado pelos EUA de 1945 até 2001: de protagonista na formação de uma ordem cosmopolita na qual as guerras de agressão estão proibidas ao de usurpador de atribuições que deveriam ser desempenhadas pela ONU. Como os textos ao longo deste livro deixam claro, o Onze de Setembro cindiu o Ocidente em termos normativos. Nesse sentido, e de acordo com o diagnóstico aqui traçado, há uma tentativa de estabelecimento de uma ordem hegemônica, restando, porém, a esperança de que o velho ideal cosmopolita possa ser minimamente posto em prática por quem reúne algumas das capacidades para tal – a Europa, na visão de Habermas.

Diferentemente de outros projetos cosmopolitas que buscam replicar, em nível global, estruturas estatais,[4] no presente

---

4 Notadamente Held e Archibugi, ao defenderem um parlamento mundial e o monopólio global da violência, aproximam-se da primeira formulação kantiana de uma espécie de Estado mundial. Ver Held, *Democracy and the Global Order: From the Modern State to Cosmopolitan*

O Ocidente dividido

livro Habermas elabora uma institucionalização de *múltiplos níveis*. Para isso, parte de uma importante distinção entre Estado e Constituição. O Estado, segundo ele, é um complexo de capacidades organizadas hierarquicamente aptas a exercer poder ou implementar programas políticos. Já a Constituição "dá as normas para uma socialização horizontal dos cidadãos na medida em que fixa direitos fundamentais que os membros de uma associação autoadministrada de parceiros livres e iguais concedem reciprocamente". Nesse sentido, uma Constituição prescinde do Estado ainda que, historicamente, tenha surgido dentro dele. De acordo com Habermas, o direito internacional, mesmo sem contar com uma "república mundial", já provê um tipo de constituição uma vez que cria uma comunidade jurídica entre partes com direitos formalmente iguais. Como exemplo, a Carta da ONU estabelece no artigo 1.3 que um de seus propósitos é "promover e estimular o respeito aos direitos humanos e às liberdades fundamentais para todos". É por isso que o direito internacional não pode ser considerado apenas um direito entre Estados, mas também um sistema jurídico para proteger indivíduos.

A separação entre Constituição e Estado permite então que Habermas elabore a noção de uma "sociedade mundial sem governo" e com múltiplos níveis de institucionalização. Em um nível *supranacional*, Habermas acredita ser necessária uma organização mundial que possa desempenhar funções relacionadas à garantia da paz e à promoção dos direitos humanos. Em um

---

Governance; Archibugi, Cosmopolitical Democracy, *New Left Review*, n.4. Antes deles, uma influente concepção de cosmopolitismo jurídico pode ser encontrada na obra de Kelsen, *Peace through Law*.

nível *transnacional*, ele assume que Estados poderiam lidar com uma "política doméstica global" dirigida a governos nacionais, mas que precisariam ser coordenados para lidar com questões de maior escala, como as que envolvem problemas ambientais, combate ao crime organizado internacional, dentre outras. O que Habermas faz, portanto, é combinar diferentes aspectos do cosmopolitismo kantiano. De um lado, aposta em uma institucionalização mais forte no que diz respeito apenas à paz e a direitos humanos e, de outro, em uma estrutura de governança que não suprime a soberania dos Estados, semelhante à confederação pensada por Kant na *Paz perpétua*.

O problema desse cosmopolitismo mitigado está naquilo que deveria ser sua maior vantagem: as aspirações supostamente modestas da Constituição internacional proposta por Habermas. Diante da sugestão de uma organização mundial cujo escopo resume-se "apenas" à garantia da paz e dos direitos humanos, não podemos subestimar a dificuldade em gerar legitimidade para dois temas tão complexos. Alguém tem dúvida de que seria um grande desafio a aprovação de qualquer proposta para alcançar a paz na Síria ou a promoção de direitos humanos em países que discriminam minorias? A prova disso é que os mecanismos institucionais já existentes têm sistematicamente falhado nessa tarefa. E é claro que Habermas não se propõe a reinventar a roda, ou melhor, a ONU, que dispõe desses mecanismos desde a assinatura da Carta, em 1945. Na verdade, ele pretende dar razões normativas para que esse projeto não seja abandonado, o que, convenhamos, não é pouca coisa depois do Onze de Setembro.

Mas a dúvida permanece: de onde vem a legitimidade de uma estrutura supranacional para lidar com questões envolvendo a

O Ocidente dividido

manutenção da paz e a promoção dos direitos humanos? Habermas oferece uma saída quase simplista ao afirmar que "bastam os sentimentos negativos de reações unânimes aos atos da criminalidade de massa" para integrar uma sociedade de cidadãos mundiais. Paz e direitos humanos são, a bem da verdade, intricados o bastante para gerar dissidências, rupturas, desentendimentos. Talvez seja preciso reconhecer que esses temas demandam mais espaço para a política (e não menos, como ele parece sugerir). É justamente quando nos deparamos, por exemplo, com a necessidade de intervenção em conflitos de outros países ou a defesa de direitos humanos em detrimento de valores culturais que essas questões precisam vir à tona em uma esfera pública ampliada, a fim de que as decisões tomadas sejam legítimas.[5]

Acontecimentos mais recentes, como os ataques terroristas em Paris e as reações intolerantes aos fluxos imigratórios, nos fazem repensar, em termos de diagnóstico, os limites da capacidade que a União Europeia e outros atores possuem hoje para levar adiante o projeto cosmopolita. O que o livro de Habermas tem a oferecer é uma tentativa de articular um quadro teórico capaz de manter aquele próprio projeto de pé.

---

5 Aqui se trata de usar o próprio argumento habermasiano *contra* Habermas. Esse *déficit político* foi percebido e corrigido por outros autores, cf. Benhabib, *Dignity in Adversity: Human Rights in Troubled Times*; Forst, The Basic Right to Justification: Towards a Constructivist Conception of Human Rights, *Constellations*, v.6, n.1, p.35-60, 1999; Cohen, *Globalization and Sovereignty: Rethinking Legality, Legitimacy, and Constitutionalism*.

Jürgen Habermas

Referências bibliográficas

ARCHIBUGI, D. Cosmopolitical Democracy, *New Left Review*, n.4, p.137-50, 2000.

BENHABIB, S. *Dignity in Adversity*: Human Rights in Troubled Times. Cambridge; Malden: Polity, 2011.

COHEN, J. L. *Globalization and Sovereignty*: Rethinking Legality, Legitimacy, and Constitutionalism. Cambridge; Nova York: Cambridge University Press, 2012.

FORST, R. The Basic Right to Justification: Towards a Constructivist Conception of Human Rights, *Constellations*, v.6, n.1, p.35-60, 1999.

HABERMAS, J. Bestialidade e humanidade: uma guerra no limite entre direito e moral, *Cadernos de Filosofia Alemã*, n.5, p.77-87, 1999.

HELD, D. *Democracy and the Global Order*: From the Modern State to Cosmopolitan Governance. Stanford: Stanford University Press, 1995.

KANT, I. *Ideia de uma história universal de um ponto de vista cosmopolita.* 3.ed. São Paulo: WMF Martins Fontes, 2010.

KELSEN, H. *Peace through Law.* Chapel Hill: The University of North Carolina Press, 1944.

MCCARTHY, T. On Reconciling Cosmopolitan Unity and National Diversity. In: GREIFF, P. D.; CRONIN, C. P. (Orgs.). *Global Justice and Transnational Politics.* Cambridge, MA: MIT Press, 2002. p.235-74.

Prefácio

Não foi o perigo do terrorismo internacional que dividiu o Ocidente, mas uma política do atual governo norte-americano que ignora o direito internacional, marginaliza as Nações Unidas e mantém o rompimento com a Europa.

O que está em jogo é o projeto kantiano de eliminação do estado de natureza entre os Estados. Os espíritos não se dividem em relação aos objetivos políticos que estão em primeiro plano, mas em relação a um dos maiores esforços para a civilização do gênero humano. É a isso que o título do livro deve lembrar.

A divisão certamente se estende também pela Europa e pelos Estados Unidos. Na Europa, ela inquieta principalmente aqueles que se identificaram, por toda uma vida, com as melhores tradições norte-americanas – com as raízes do esclarecimento político em torno de 1800, com a rica corrente do pragmatismo e com o recorrente internacionalismo depois de 1945.

Na Alemanha, a renúncia nua e crua a essas tradições atua como uma prova de fogo. A ligação química de que consistiu a orientação ocidental da Alemanha desde Adenauer se

Jürgen Habermas

decompõe hoje em seus dois elementos: é evidente que a adaptação oportunista ao poder hegemônico, que tomou a Europa sob sua proteção nuclear durante a Guerra Fria, se separa da vinculação intelectual e moral a princípios e a convicções fundamentais de uma cultura ocidental, devida à autocompreensão normativa de uma Alemanha que, no fim das contas, tornou-se liberal.

Também gostaria de lembrar dessa diferença. A análise sobre a constitucionalização do direito internacional me dá uma oportunidade para reunir algumas contribuições publicadas recentemente que examinam a relação dessa questão com o objetivo da unificação europeia.

Starnberg, janeiro de 2004
Jürgen Habermas

I
Depois do Onze de Setembro

1
Fundamentalismo e terrorismo*

O senhor considera o que costumamos chamar agora de "Onze de Setembro" também como um "evento sem precedentes" — como um evento que modifica radicalmente a compreensão de nós mesmos? [1]

Jürgen Habermas: Antes de tudo, deixe-me dizer que eu respondo às suas perguntas com um distanciamento de três meses depois do evento. Talvez seja bom mencionar o contexto da minha própria experiência. Desde o início de outubro, fiquei mais uma vez em Manhattan por mais ou menos dois meses. Preciso admitir que estar dessa vez na "capital do século XX", que me fascina por mais de três décadas, fez que eu me sentisse, de alguma maneira, mais estrangeiro do que em cada uma das minhas estadias anteriores. Não foi só o patriotismo que balançava bandeiras e que se mostrava um tanto desafiador — "*United*

---

* "Fundamentalismo e terrorismo" foi publicado em *Blätter für Deutsche und Internationale Politik*, fevereiro de 2002, p.165-78. (N. E.)

1 A entrevista foi conduzida em dezembro de 2001 por Giovanna Borradori, professora de Filosofia no Vassar College.

we stand"[2] — que mudou o clima, não foram só a inusitada exigência de solidariedade e a sensibilidade diante do suposto "antiamericanismo" vinculada a essa exigência. A generosidade impressionante dos americanos em relação aos estrangeiros, o charme dos abraços solícitos e por vezes conscientemente monopolizadores — essa maravilhosa mentalidade sincera parecia ter recuado com uma leve desconfiança. Nós — nós que não fizemos parte dos acontecimentos — ficaríamos incondicionalmente ao lado deles agora? Mesmo aqueles que, como eu, desfrutam de um *record* bastante insuspeito com os amigos americanos tinham que ser cautelosos com a crítica. Desde a intervenção no Afeganistão, de repente era possível perceber quando, em conversas políticas, os europeus estavam só entre si (ou só com israelenses).

Por outro lado, só senti o peso completo do evento no próprio lugar. O horror diante dessa desgraça, que literalmente irrompeu em meio ao céu azul — e a convicção comum sobre esse atentado pérfido —, foi sentido de maneira muito diferente do que em casa, assim como a depressão latente pela cidade. Cada amigo ou colega se lembrava exatamente de sua própria situação naquela manhã logo depois das nove horas. Para resumir, eu aprendi no próprio lugar a entender melhor o clima de fatalidade que ainda ecoa na sua pergunta. Mesmo entre a esquerda, a consciência de que estamos presenciando o início de uma nova era é amplamente difundida. Eu não sei se o próprio governo estava um pouco paranoico ou se estava

---

2 Referência ao lema *Unided we stand, divided we fall*, assumido pelos norte-americanos após a queda do World Trade Center, que em tradução livre significa "unidos resistimos, divididos caímos".

O Ocidente dividido

apenas recuando da responsabilidade. De qualquer forma, os avisos repetidos e bastante vagos a respeito de novos ataques terroristas e os apelos sem sentido — *"be alert"* — alimentaram o medo indiscriminado e uma prontidão de alerta indeterminada — exatamente o que era a intenção dos terroristas, portanto. Em Nova York, as pessoas pareciam preparadas para o pior. Com alguma naturalidade, os atentados com antraz (ou também a queda do avião no Queens) eram atribuídos às maquinações diabólicas de Osama bin Laden.

Diante desse quadro, é possível compreender um certo tipo de ceticismo. O que nós contemporâneos sentimos é realmente tão importante para um diagnóstico de longo prazo? Se os ataques terroristas de Onze de Setembro devem constituir um corte decisivo da "história mundial", como acham muitos, eles devem poder suportar a comparação com outros eventos da história mundial. Pearl Harbour não seria adequado para isso, mas mais provavelmente o agosto de 1914. Com a eclosão da Primeira Guerra Mundial, terminou uma era pacífica e, se olharmos em retrospectiva, em certa medida ingênua. Esse conflito inaugurou a era da guerra total e da opressão totalitária, da barbárie mecanizada e dos burocráticos assassinatos em massa. Na época, é possível que estivesse difundido algo como um pressentimento. Mas só em retrospectiva é que conseguimos reconhecer se o desmoronamento repleto de simbolismo das fortalezas capitalistas no sul de Manhattan vai significar um ponto de inflexão tão profundo como este ou se essa catástrofe só confirmou, de uma forma desumana e dramática, uma vulnerabilidade há muito conhecida de nossa sociedade complexa. Quando não se trata exatamente da Revolução Francesa — Kant já tinha imediatamente falado de um "sinal histórico", que aponta para uma "tendência moral do gênero humano" –, quando se trata portanto de algo menos inequívoco, é a história dos efeitos (*Wirkungsgeschichte*) que decide primeiro sobre a ordem de grandeza de um evento histórico.

Talvez mais tarde conseguiremos remeter desenvolvimentos importantes ao Onze de Setembro. Mas nós não sabemos qual dos cenários desenhados hoje vai de fato alcançar o futuro. No melhor dos casos, a coalizão contra o terrorismo congregada de maneira esperta pelo governo dos Estados Unidos, por mais frágil que ela seja, poderia provocar a transição do direito internacional clássico para um estado jurídico cosmopolita. A Conferência do Afeganistão em Petersberg, que abriu o caminho na direção certa sob o patrocínio das Nações Unidas, foi ao menos um sinal de esperança. Mas os governos europeus falharam por completo. Eles são claramente incapazes de olhar para além das bordas nacionais, de, na qualidade de europeus, ao menos dar apoio a alguém como Powell contra os *hardliners* [extremistas]. O governo Bush parece implementar, de maneira mais ou menos impassível, o curso autocentrado de uma política insensível de superpotência. Continua se recusando a aceitar a criação de um tribunal penal internacional e, em vez disso, confia em seus próprios tribunais militares que violam o direito internacional. Nega-se a assinar a Convenção sobre Armas Biológicas. Rescindiu unilateralmente o Tratado Antimísseis Balísticos e, de forma absurda, em razão do Onze de Setembro, sente-se autorizado a continuar com seu plano de construir um sistema de defesa com mísseis. O mundo se tornou complexo demais para esse unilateralismo pouco dissimulado. Mesmo se a Europa não se candidatar a representar o papel civilizatório que hoje lhe caiu no colo, a emergente potência mundial da China e a Rússia em

O Ocidente dividido

declínio não vão se inserir sem mais no modelo da *pax americana*. Em vez das ações da polícia internacional pelas quais esperávamos durante a guerra do Kosovo, temos novamente guerras — guerras no mais novo estágio da técnica, mas em velho estilo.

A miséria no Afeganistão destruído faz lembrar das imagens da Guerra dos Trinta Anos. É claro que havia boas razões — e também boas razões normativas — para destituir à força o regime talibã, que oprimiu brutalmente não só as mulheres, mas a população como um todo. O regime também se recusou a atender a demanda legítima de entregar Bin Laden. Mas a assimetria entre a força destrutiva concentrada dos enxames de mísseis elegantemente lustrosos controlados eletronicamente e a selvageria arcaica das hordas de guerreiros barbudos no chão, equipados com kalashnikovs, continua sendo uma visão moralmente obscena. Só se sente isso quando se lembra da história colonial impregnada pela violência, do desmembramento geográfico arbitrário e da contínua instrumentalização desse país no jogo das grandes potências. Mas o talibã já pertence à história.

Bem, nosso tema é o terrorismo, que adquiriu uma nova qualidade com o Onze de Setembro...

Habermas: O próprio ato monstruoso é que foi novo. Não me refiro apenas ao procedimento dos homens-bomba, que converteram os aviões completamente abastecidos e seus reféns em projéteis vivos, não só ao número intolerável de vítimas e à dimensão dramática da destruição. A novidade foi a força simbólica dos objetivos atingidos. Os autores do atentado não só desfizeram as mais altas torres de Manhattan em ruínas fisicamente, mas destruíram um ícone do repertório de imagens da nação americana. Só depois da onda patriótica conseguimos reconhecer a importância que esse chamariz na silhueta de Manhattan, que essa corporificação poderosa de potência econômica e vontade de futuro, tinha ganhado na imaginação de todo o povo. No entanto, a presença das câmeras e dos meios de comunicação também foi uma novidade que simultaneamente transformou o evento local em global — e que transformou a população mundial como um todo em testemunhas oculares paralisadas. Talvez possamos falar do Onze de Setembro como o primeiro evento da história mundial em sentido forte: o choque, a explosão, o lento desmoronamento — inacreditavelmente, tudo o que ali não era mais Hollywood, mas a realidade cruel, se passou literalmente diante dos olhos da esfera pública mundial. Meu amigo que, da varanda de sua casa na Duane Street, a poucos metros de distância do World Trade Center, viu o segundo avião explodir nos andares mais altos, sabe Deus, *viveu* algo diferente do que eu na frente da televisão na Alemanha, mas não *viu* algo diferente.

É claro que observações de um evento único ainda não explicam por que o terrorismo deveria ter adquirido assim uma nova qualidade. Nesse sentido, uma circunstância me parece ser particularmente relevante: não se sabe em verdade quem é o inimigo. A pessoa de Osama bin Laden preenche antes uma função de substituto. Isso se mostra pela comparação com guerrilheiros ou com terroristas habituais, vamos dizer, em Israel. Essas pessoas também lutam geralmente de forma descentralizada em unidades pequenas e com autonomia decisória. Também nesses casos falta uma concentração de forças armadas ou o centro de organização que ofereceria fáceis alvos de ataque. Mas os guerrilheiros lutam em território conhecido e com objetivos políticos declarados de conquista do poder. Isso

O Ocidente dividido

os diferencia de terroristas dispersos globalmente e articulados em rede de acordo com princípios típicos dos serviços secretos, que em todos os casos revelam motivos fundamentalistas, mas que não seguem um programa que vá além da destruição e da insegurança. O terrorismo que por ora vinculamos com o nome da Al-Qaeda torna impossível a identificação do inimigo e uma avaliação realista do risco. Essa intangibilidade lhe confere uma nova qualidade.

É certo que a indeterminação do risco pertence à essência do terrorismo. Mas os cenários desenhados em detalhes pela mídia norte-americana para a condução de uma guerra biológica ou química, as especulações sobre as estratégias do terrorismo nuclear, revelam apenas a incapacidade do governo em sequer determinar a ordem de grandeza do risco. Não se sabe se algo vai acontecer. Em Israel se sabe *o que* pode acontecer quando se usa um ônibus, entra numa loja ou vai a discotecas e lugares públicos – e se sabe *com qual frequência* pode acontecer. Não se consegue delimitar o risco nos Estados Unidos ou na Europa. Não há avaliação realista do tipo, da ordem de grandeza e da probabilidade do risco, nem mesmo qualquer delimitação das regiões possivelmente afetadas.

Isso leva uma nação amedrontada – que só consegue reagir a esses riscos indeterminados com os meios do poder organizado pelo Estado – à embaraçosa situação de reagir exageradamente, sem poder saber se são reações exageradas em razão do nível insuficiente de informações prestadas pelos serviços secretos. Por essa razão, o Estado se vê diante do perigo de se ridicularizar pela demonstração da inadequação de seus meios: tanto internamente, por uma militarização das medidas de segurança perigosa ao Estado de direito, quanto externamente, por meio da mobilização de uma superioridade militar-tecnológica simultaneamente desproporcional e ineficaz. Por motivos evidentes, o ministro da defesa Rumsfeld alertava mais uma vez a respeito de atentados terroristas *indeterminados* na conferência da Otan em Bruxelas em meados de dezembro: "Quando olhamos para a destruição que eles causaram nos Estados Unidos, podemos imaginar o que eles poderiam provocar em Nova York, Londres, Paris ou Berlim com armas nucleares, químicas ou biológicas" (*Süddeutsche Zeitung*, 19/12/2001). Algo diferente são as medidas necessárias, mas só efetivas no longo prazo, que o governo dos Estados Unidos tomou imediatamente depois do ataque: a construção de uma coalizão mundial dos Estados contra o terrorismo, o efetivo controle dos fluxos financeiros e das contas bancárias internacionais sob suspeita, a articulação em rede dos fluxos de informação dos serviços secretos nacionais, bem como a coordenação mundial das respectivas investigações policiais.

Se estiver certo que o intelectual é uma figura com traços historicamente específicos, é possível dizer que ele desempenha um papel especial no nosso contexto atual?

Habermas: Eu não diria isso. Os escritores, filósofos, cientistas sociais e das humanidades e os artistas que geralmente se manifestam também reagiram dessa vez. O pró e contra de costume, a mesma gritaria com as diferenças nacionais de estilo e de ressonância pública conhecidas — nada muito diferente da Guerra do Golfo ou da Guerra do Kosovo. Talvez as vozes americanas tenham sido um pouco mais rápidas e mais altas do que antes, mas ao final também foram um pouco piedosas com o governo e mais patrióticas. Mesmo os liberais de esquerda parecem concordar momentaneamente com a política de Bush.

O Ocidente dividido

Se consigo ver bem, as opiniões declaradas por Richard Rorty não são tão atípicas. Por outro lado, os críticos da missão ao Afeganistão partiram de falsos prognósticos em suas avaliações pragmáticas das possibilidades de sucesso. É porque dessa vez era necessário, além de conhecimentos histórico-antropológicos um pouco remotos, ter também conhecimento da matéria militar e geopolítica. Isso não quer dizer que eu me aproprio do preconceito anti-intelectual segundo o qual os intelectuais regularmente deixam de ter a *expertise* necessária. Quando alguém não é propriamente economista, restringe suas avaliações sobre relações econômicas complexas. Mas, em relação às coisas militares, os intelectuais claramente se comportam da mesma forma que os demais estrategistas de boteco.

Em seu discurso na Paulskirche,* o senhor chamou o fundamentalismo de um fenômeno especificamente moderno. Por quê?

Habermas: É claro que isso depende de como se quer utilizar o termo. "Fundamentalista" tem um tom pejorativo. Com esse predicado caracterizamos um estado de espírito que persiste na imposição política das próprias convicções e razões mesmo quando elas são qualquer outra coisa, menos universalmente aceitáveis. Isso vale em especial para verdades da crença religiosa. No entanto, não podemos confundir o dogmatismo e a ortodoxia com o fundamentalismo. Cada doutrina religiosa se apoia em um núcleo dogmático de verdades de fé. E às vezes existe uma autoridade como o papa ou a Cúria Romana que estabelece quais concepções divergem desse dogma e, com isso, da ortodoxia. Uma ortodoxia como esta só se torna

---

* Referência ao discurso proferido em outubro de 2001, na igreja de São Paulo, em Frankfurt. (N. E.)

fundamentalista quando os guardiões e representantes da verdadeira fé ignoram a situação epistêmica de uma sociedade pluralista no que diz respeito às visões de mundo e que persistem — até mesmo com violência — na imposição política e na obrigatoriedade universal de sua doutrina.

Até a entrada na modernidade, as doutrinas proféticas que surgiram na era axial eram religiões *mundiais* também na medida em que elas podiam se expandir nos horizontes cognitivos de um império percebido internamente como difuso e abrangente. O "universalismo" dos antigos impérios, de cujo centro parecia que a periferia se desvanecia no infinito, oferecia o pano de fundo perspectivista correto para a pretensão de validade exclusiva das religiões mundiais. Mas, sob as condições de crescimento acelerado em termos de complexidade da modernidade, não é mais possível manter uma pretensão de verdade como essa inocentemente. Na Europa, as divisões confessionais de crença e a secularização da sociedade forçaram a crença religiosa a refletir sobre sua posição não exclusiva no interior de um universo discursivo limitado pelo conhecimento científico profano e partilhado com outras religiões. A consciência reflexiva de fundo sobre uma dupla relativização da própria posição não podia evidentemente implicar a relativização das próprias verdades de fé. Essa atividade reflexiva de uma religião que aprendeu a se ver com os olhos dos outros teve consequências políticas importantes. Os fiéis podem agora ver de relance por que eles devem renunciar ao uso da violência — sobretudo da violência organizada pelo Estado — para impor suas pretensões de fé. Foi apenas esse impulso cognitivo que tornou possível a tolerância religiosa e a separação da religião de um poder estatal neutro no que diz respeito às visões de mundo.

Quando um regime contemporâneo como o do Irã se recusa a efetuar essa separação, ou quando movimentos de inspiração religiosa almejam a restauração de uma forma islâmica de teocracia, nós consideramos isso fundamentalismo. Eu explicaria essa mentalidade fanática e endurecida a partir da repressão de dissonâncias cognitivas. Ela se torna necessária quando, sob as condições cognitivas do conhecimento científico do mundo e do pluralismo de visões de mundo – portanto, depois que a inocência da situação epistêmica de uma perspectiva abrangente sobre o mundo já tinha sido há muito perdida –, propaga-se o retorno da exclusividade de crenças pré-modernas. Essa atitude produz dissonâncias cognitivas porque as relações complexas de vida nas sociedades pluralistas só são compatíveis com um *forte* universalismo de respeito igual a todos – sejam eles católicos ou protestantes, muçulmanos ou judeus, hindus ou budistas, crentes ou ateus.

Como se diferencia então o fundamentalismo islâmico que vemos hoje de outras correntes e práticas fundamentalistas muito anteriores, por exemplo, a caça às bruxas no início do período moderno?

Habermas: Provavelmente existe um motivo que vincula os dois fenômenos que a senhora mencionou, a saber, a reação defensiva a temores de um desenraizamento violento das formas tradicionais de vida. O início da modernização política e econômica pode ter suscitado esses temores em algumas regiões da Europa já naquela época. É claro que nós estamos hoje em um estágio completamente diferente com a globalização dos mercados, principalmente a dos mercados financeiros, e com os investimentos diretos. As coisas também são outras na medida em que a sociedade mundial por enquanto está *dividida* em

Jürgen Habermas

países vencedores, beneficiários e perdedores. Para o mundo árabe, os Estados Unidos são a força motriz da modernização capitalista. Com sua inalcançável vantagem em termos de desenvolvimento, sua impressionante superioridade tecnológica, econômica e político-militar, eles são, ao mesmo tempo, uma ofensa para a autoconfiança e um modelo admirado em segredo. O mundo ocidental como um todo serve de bode expiatório para as próprias experiências bastante reais de perda pelas quais passa uma população arrancada de suas tradições culturais no curso dos processos de modernização radicalmente acelerados. O que, sob condições mais alegres apesar de tudo, poderia ser vivenciado na Europa como um processo de destruição *criadora*, em outros países projeta a perspectiva de inexistência de qualquer compensação tangível, ou mesmo passível de resgate diante da distância geracional, pela dor do desmoronamento das formas habituais de vida.

É possível entender psicologicamente que a reação defensiva se abastece então de fontes espirituais e é posta em movimento pela contrariedade ao poder mundialmente secularizador do Ocidente e, como parece, pela contrariedade ao potencial que foi perdido com isso. O raivoso regresso fundamentalista a uma crença que não exigiu da modernidade qualquer processo reflexivo de aprendizagem ou diferenciação de uma interpretação de mundo separada da política só retira sua plausibilidade do fato de que ele vive de uma substância que parece faltar ao Ocidente, o qual já se relacionou com outras culturas – que devem a conformação de seus perfis a uma das maiores religiões mundiais – apenas na base de uma irresistibilidade provocativa e banalizadora de uma cultura de consumo materialista e niveladora. Vamos admitir: o Ocidente de fato se apresenta numa

O Ocidente dividido

forma normativamente descentralizada na medida em que entende os direitos humanos como nada que vá muito além da exportação de liberdades de mercado e em que deixa correr solta a divisão de trabalho neoconservadora entre fundamentalismo religioso e a secularização *vazia* em sua própria casa.

Do ponto de vista filosófico, o senhor entende como um fato consumado que o terrorismo é, em última instância, um ato político?

Habermas: Não no sentido subjetivo que Atta, o egípcio que veio de Hamburgo e que controlava o primeiro dos dois aviões da catástrofe, daria a uma resposta política. Mas o fundamentalismo islâmico de hoje continua a trabalhar com motivos políticos. De qualquer forma, não podemos desconsiderar os motivos políticos que encontramos hoje no fanatismo religioso. Aqui se encaixa a informação de que alguns terroristas que entram para a "guerra santa" eram nacionalistas seculares há poucos anos. Se olharmos a biografia dessas pessoas, temos continuidades surpreendentes. A desilusão com os regimes militares nacionalistas pode ter contribuído para que hoje a religião ofereça uma nova linguagem, claramente mais convincente em termos subjetivos, para as velhas orientações políticas.

O que o senhor realmente entende por terrorismo? É possível fazer uma distinção significativa entre terrorismo nacional e global?

Habermas: O terrorismo dos palestinos tem ainda, em certo sentido, algo de fora de moda. Aqui se trata de sangue e morte, do aniquilamento indiscriminado de inimigos, mulheres e crianças. Vida contra vida. O terrorismo que aparece sob a figura paramilitar das guerrilhas se diferencia disso. Ele determinou a cara de muitos movimentos nacionais de libertação na segunda metade do século XX – e molda hoje a luta de

37

independência da Chechênia, por exemplo. Em oposição a isto, o terrorismo global que culminou no atentado de Onze de Setembro carrega nesse ponto os traços anarquistas de uma revolta impotente na medida em que se volta contra um inimigo que não consegue ser derrotado nos conceitos pragmáticos da ação orientada a fins. O único efeito possível é o espanto e a inquietação do governo e da população. Do ponto de vista técnico, a alta suscetibilidade a interferências das nossas sociedades complexas de fato oferece oportunidades ideais para uma interrupção pontual do curso normal das coisas, que pode ter consequências destrutivas consideráveis com pouco esforço. O terrorismo global leva ambos ao extremo – a falta de objetivos realistas e a exploração cínica da vulnerabilidade de sistemas complexos.

Devemos distinguir o terrorismo da criminalidade comum e de outras formas de uso da violência?

Habermas: Sim e não. Do ponto de vista moral, não existe desculpa para qualquer ato terrorista, não importa por quais motivos e em qual situação ele foi cometido. Nada nos autoriza a "comprar a ideia" de que a vida e o sofrimento dos outros são objetivos escolhidos pelas próprias vítimas. Cada assassinato já é um assassinato demais. Mas, do ponto de vista histórico, o terrorismo está em contextos distintos dos crimes comuns que têm a ver com o juiz de direito penal. Diferentemente de um processo privado, ele merece interesse público e exige outra forma de análise do que o assassinato motivado por ciúme. Do contrário, nós não estaríamos fazendo esta entrevista. A diferença entre o terrorismo político e o crime comum fica clara com a troca de regimes que trazem antigos terroristas para o poder e os transforma em respeitáveis representantes de seus países. É evidente que só terroristas que seguem objetivos políticos inteligíveis de forma realista em geral e que, ao menos retrospectivamente, conseguem extrair uma certa legitimação de suas ações criminais por meio da superação de uma situação manifestamente injusta podem esperar por uma transformação política desse tipo. Hoje não consigo imaginar nenhum contexto que poderia transformar o crime monstruoso de Onze de Setembro em qualquer ação política inteligível e compreensível.

O senhor acredita que foi bom interpretar esse ato como uma declaração de guerra?

Habermas: Mesmo que a expressão "guerra" seja menos ambígua e, do ponto de vista moral, menos discutível do que o discurso da "cruzada", considero a decisão feita por Bush de conclamar uma "guerra contra o terrorismo" um grave erro, tanto do ponto de vista normativo quanto pragmático. Do ponto de vista normativo, ele atribui a esses criminosos o valor de opositores de guerra. Do ponto de vista pragmático, não é possível entrar numa guerra contra uma "rede" que dificilmente é palpável – se é que essa palavra deve ter algum sentido determinado.

Se é verdade que o Ocidente precisa desenvolver uma maior sensibilidade e mais autocrítica no que diz respeito à convivência com outras culturas, como isso deve ser feito? Nesse contexto, o senhor fala de "tradução", de uma busca por uma "linguagem comum". O que isso quer dizer?

Habermas: Depois do Onze de Setembro, tenho sido muito perguntado se toda a concepção de uma ação orientada ao entendimento, como eu desenvolvi na *Teoria da ação comunicativa*, não teria se ridicularizado diante desses fenômenos de violência. É certo que, no interior das nossas sociedades pacíficas e ricas da OCDE, nós também convivemos com a violência *estrutural* e, em alguma medida, habitual, das ofensivas desigualdades sociais e da discriminação aviltante, de empobrecimento e marginalização. Exatamente porque as nossas relações sociais são atravessadas pela ação estratégica e pela manipulação, não devemos desconsiderar dois fatos. Por um lado, a práxis da nossa convivência diária repousa numa base sólida de convicções comuns de fundo, de naturalidades culturais e de expectativas recíprocas. A coordenação da ação passa aqui por jogos de linguagem habituais, por pretensões de validade erguidas reciprocamente e, ao menos, implicitamente reconhecidas — *no espaço público com razões melhores ou piores*. É por isso que, por outro lado, surgem conflitos que, quando as consequências são dolorosas o suficiente, vão parar diante de terapeutas ou de tribunais em razão de *perturbações na comunicação* [*Kommunikationsstörungen*], de mal-entendidos e incompreensões, de falta de sinceridade e enganos. A espiral da violência [*Gewalt*] começa com uma espiral da comunicação perturbada que leva à suspensão da comunicação por meio de uma espiral da desconfiança recíproca e descontrolada. Mas, quando a violência começa com perturbações na comunicação, conseguimos saber o que deu errado e o que deve ser consertado depois que ela foi suspensa.

Essa ideia trivial também pode ser transportada para aqueles conflitos de que a senhora estava falando. Aqui a coisa é mais complicada porque diferentes nações, formas de vida e culturas têm uma grande distância entre si já de saída; são, portanto, estranhas umas para as outras. Elas não se tratam como "parceiras" ou como "parentes" que — na família ou no

O Ocidente dividido

cotidiano – começam a se tornar estranhas entre si através de uma comunicação sistematicamente distorcida. Além disso, nas relações *internacionais*, o meio do direito, domesticador da violência, desempenha um papel comparativamente fraco. E, nas relações *interculturais*, o direito consegue, no melhor dos casos, estabelecer a moldura institucional para tentativas de entendimento, como, por exemplo, para a Conferência de Direitos Humanos das Nações Unidas em Viena. Por mais que esses encontros formais sejam importantes para o discurso intercultural feito em muitos níveis sobre a interpretação controversa dos direitos humanos, eles não conseguem, sozinhos, romper com a espiral da formação de estereótipos. A abertura de uma mentalidade passa antes pela liberalização das relações, por um alívio objetivo da pressão e do medo. Um capital de confiança deve conseguir se formar na práxis comunicativa cotidiana. Só então um esclarecimento de grande impacto consegue chegar aos meios de comunicação, às escolas e às famílias. Ele também tem que se unir às premissas da própria cultura política.

Nesse contexto, a forma da apresentação normativa de si em relação a outras culturas também é importante para nós mesmos. No curso de uma revisão de autorretrato como essa, o Ocidente poderia, por exemplo, aprender o que precisa ser mudado em sua política se quiser ser percebido como um poder *civilizador* de formação. Sem uma domesticação política do capitalismo desenfreado não é possível lidar com a estratificação desastrosa da sociedade mundial. A dinâmica díspar de desenvolvimento da economia mundial deveria ser ao menos contrabalanceada em suas consequências mais destrutivas – eu estou pensando no estado de privação e de empobrecimento de regiões e continentes inteiros. Não se trata apenas da discriminação, da ofensa e da humilhação de outras culturas. O tema "guerras culturais" geralmente é o véu por trás do qual se escondem os sólidos interesses materiais do Ocidente (a disposição sobre as jazidas de petróleo e a proteção ao abastecimento energético, por exemplo).

Então, antes de tudo, devemos nos perguntar se o modelo do diálogo se encaixa de algum modo no intercâmbio intercultural. Não utilizamos sempre só os nossos próprios conceitos para invocar a comunhão entre as culturas?
Habermas: A permanente suspeita desconstrutivista sobre a existência de um viés eurocêntrico provoca a pergunta contrária: por que o modelo hermenêutico da compreensão, obtido a partir de conversas cotidianas e desenvolvido metodologicamente desde Humboldt por meio da práxis de interpretação de textos, deveria de repente recusar sua própria forma de vida e sua tradição? Em todo caso, uma interpretação deve transpor a distância entre o preconceito hermenêutico tanto de um lado quanto do outro – sejam as distâncias culturais e espaçotemporais mais curtas ou mais longas, sejam as diferenças semânticas menores ou maiores. Todas as interpretações são traduções *in nuce*. Não é preciso recorrer a Davidson para ver que a ideia de um esquema conceitual que constitui um entre vários mundos não é possível de ser pensada sem contradições. Também se pode mostrar com argumentos de Gadamer que a ideia de um universo fechado de significações, que é incomensurável com outros universos deste tipo, é um conceito inconsistente. Disso não resulta necessariamente um etnocentrismo metódico. Rorty ou McIntyre defendem um modelo de assimilação da compreensão em que a interpretação radical significa ou

O Ocidente dividido

uma adaptação aos próprios padrões de racionalidade ou uma conversão, ou seja, a submissão à racionalidade de uma imagem de mundo completamente estranha. Nós devemos apenas poder entender o que os ditames de uma linguagem desbravadora do mundo acrescenta. Mas, na melhor das hipóteses, essa descrição se encaixa em um estado inicial que a princípio só provoca o esforço hermenêutico porque traz a parcialidade de suas perspectivas iniciais de interpretação à consciência do participante. Os participantes do diálogo, que lutam contra essas dificuldades de entendimento, podem ampliar suas perspectivas e, por fim, sobrepô-las. Isso porque eles já se envolveram com uma simetria fundamental na medida em que assumiram os papéis de diálogo de "falante" e "destinatário" que basicamente demandam todas as situações de fala. Cada falante competente aprendeu como deve utilizar o sistema dos pronomes pessoais. Ao mesmo tempo, com isso, ele adquiriu competência para trocar entre a primeira e a segunda pessoas em um diálogo. Na dinâmica dessa assunção recíproca de perspectivas, a produção cooperativa funda um horizonte de interpretação comum, na medida em que ambos os lados podem chegar ao resultado de uma interpretação não monopolizadora ou convertida em termos etnocêntricos, mas a uma interpretação *intersubjetivamente compartilhada.*

Esse modelo hermenêutico explica, além de tudo, por que tentativas de entendimento só podem ter chance de sucesso se puderem acontecer sob as condições simétricas da *mútua* assunção de perspectivas. A boa intenção e a ausência de violência manifesta são úteis, mas não são suficientes. Sem as estruturas de uma situação de comunicação não distorcida e também livre de relações latentes de poder, os resultados estarão sempre sob a suspeita de terem sido impostos. É claro que, na maioria das vezes, apenas a inevitável falibilidade da humanidade finita é expressa na seletividade, na capacidade de ampliação e nas necessidades de correção das interpretações obtidas. Mas elas são frequentemente indiscerníveis daquele momento de cegueira em que as interpretações se devem aos vestígios inextintos de uma assimilação violenta ao mais forte. Nessa medida, a comunicação é sempre ambígua e também uma expressão da violência [*Gewalt*] latente. Mas se ontologizarmos a comunicação sob essa descrição, se não virmos nela "nada além" do que violência, desprezamos o essencial: que só o *telos* do entendimento – e só a nossa orientação em direção a esse objetivo –, que é intrínseco à força crítica, consegue romper com a violência sem reproduzi-la sob uma nova forma.

Nesse meio-tempo, a globalização nos levou a refletir sobre o conceito de soberania do direito internacional. Como o senhor vê o papel das organizações internacionais? O cosmopolitismo, uma das ideias centrais do Esclarecimento, ainda desempenha um papel útil sob as circunstâncias atuais?
Habermas: Entendo que a representação existencialista de Carl Schmitt de que a política se esgota na autoafirmação de uma identidade coletiva contra identidades coletivas de outra natureza é errada e, no que diz respeito às suas consequências práticas, também perigosa. Essa ontologização da relação amigo-inimigo sugere que as tentativas de uma juridificação global das relações entre sujeitos de direito internacional beligerantes sempre vão servir para o encobrimento universalista dos próprios interesses particulares. A partir disso não se pode ignorar que os regimes totalitários do século XX negaram de forma sem precedentes a presunção de inocência do direito

O Ocidente dividido

internacional clássico com sua crueldade da criminalidade política de massa. Por essas razões históricas, encontramo-nos há muito na passagem do direito internacional clássico para aquilo que Kant antecipou como estado cosmopolita. Isso é um fato, e eu também não vejo nenhuma alternativa significativa a esse desenvolvimento. É certo que não se deve omitir o outro lado. Desde os tribunais de crimes de guerra de Nuremberg e de Tóquio depois do final da Segunda Guerra Mundial, desde a fundação da ONU e da declaração de direitos humanos das Nações Unidas, desde que a política de direitos humanos se tornou ativa depois do fim da Guerra Fria, desde a controversa intervenção da Otan no Kosovo e agora desde a declaração de guerra contra o terrorismo internacional – depois de tudo isso, a ambivalência desse estado de passagem aparece com cada vez mais clareza.

Por um lado, a ideia de uma comunidade internacional que abole o estado de natureza entre os Estados por meio de uma efetiva penalização das guerras de agressão, que criminaliza os genocídios e os crimes contra a humanidade em geral e que pune as violações de direitos humanos tem ganhado uma certa forma institucional na ONU e em seus órgãos. O tribunal de Haia julgou Milosevic, um antigo chefe de Estado. Os juízes da Suprema Corte da Grã-Bretanha quase conseguiram impedir o retorno de Pinochet, um ditador criminoso. A instalação de um tribunal penal internacional está em curso. O princípio da não intervenção nos assuntos internos de um Estado soberano está esburacado. Resoluções do Conselho de Segurança retiraram do Iraque a possibilidade de livre disposição sobre seu próprio espaço aéreo. Capacetes azuis garantem a segurança do governo pós-talibã em Cabul. A Macedônia,

45

que estava prestes a enfrentar uma guerra civil, consentiu em atender demandas da minoria albanesa por pressão da União Europeia.

Por outro lado, a organização mundial geralmente não passa de um tigre de papel. Ela depende da cooperação das grandes potências. Já desde a transição de 1989, o Conselho de Segurança consegue que os princípios declarados da comunidade internacional sejam respeitados apenas seletivamente. Como mostra o massacre de Srebrenica, as tropas da ONU geralmente não têm condições de cumprir as garantias concedidas. Quando o Conselho de Segurança está até mesmo impedido de tomar decisões, como aconteceu diante do conflito no Kosovo, e quando uma aliança regional como a Otan atua sem mandato em seu lugar, torna-se visível o fatal desnível de poder existente entre a autoridade legítima, porém fraca, da comunidade internacional e os Estados nacionais com capacidade de atuação militar, mas que perseguem seus próprios interesses. A discrepância entre dever e poder, direito e poder, traz ambos para uma luz turva: tanto a credibilidade da ONU quanto a prática de intervenção de Estados que agem por conta própria, que simplesmente usurpam um mandato – mesmo que seja por boas razões – e, com isso, pervertem o que teria sido justificado como ação policial em uma ação de guerra. Ou seja, então não é mais possível diferenciar a suposta ação policial de uma guerra absolutamente normal. Essa situação obscura de conflito composta pela clássica política de poder, pela consideração a parceiros de alianças regionais e pelas abordagens em direção de um regime jurídico cosmopolita não só reforça as oposições de interesse entre Sul e Norte, Oriente e Ocidente. Ela também estimula a desconfiança da superpotência contra

O Ocidente dividido

todas as restrições normativas de sua liberdade de circulação. Assim, no interior do campo ocidental, forma-se um dissenso entre os países anglo-saxões e os continentais. Os primeiros se deixam inspirar mais pela "escola realista" das relações internacionais enquanto que os outros legitimam suas decisões também sob o aspecto normativo da promoção e da aceleração da transformação do direito internacional numa ordem jurídica transnacional.

No decorrer da Guerra do Kosovo ou mesmo na política em relação ao Afeganistão, as diferenças entre eles no estabelecimento de objetivos ficaram mais claras. A tensão entre orientações para a ação mais realistas e mais fortemente normativistas só vai conseguir se dissolver quando, um dia, os grandes regimes continentais como a União Europeia, o Nafta [Área de Livre-Comércio da América do Norte] e a Asean [Associação de Nações do Sudeste Asiático] tiverem se desenvolvido em atores com capacidade de atuação, para então satisfazer os acordos transnacionais e para assumir a responsabilidade por um tecido transnacional cada vez mais denso de organizações, conferências e práticas. Só com esse tipo de *global players* que podem formar um contrapeso político aos mercados descontrolados, a ONU poderia encontrar um alicerce que poderia responder pela implementação de programas e políticas generosos.

Muitos admiram o universalismo que o senhor defende em seus escritos políticos e morais, e muitos o criticam. O que esse universalismo tem a ver, por exemplo, com a tolerância? A tolerância não é antes um conceito paternalista que seria mais bem substituído pelo conceito de "hospitalidade"?
Habermas: O uso histórico do conceito de tolerância sugere uma dessas conotações. É só pensar, por exemplo, no Édito de

47

Nantes por meio do qual o rei francês permitiu que os hugue-
notes – uma minoria religiosa, portanto – pudessem confessar
sua crença e praticar seu culto sob a condição de que eles não
questionassem a autoridade da realeza e a primazia do catoli-
cismo. A tolerância foi praticada durante séculos nesse sentido
paternalista. O que é paternalista aqui é a parcialidade da declaração de que o governante soberano ou a cultura da maioria
está pronta, por livre apreciação, a "suportar" a práxis des-
viante da minoria. Nesse contexto, o tolerar retém a capacidade
de suportar um fardo, algo como um ato de clemência ou um
favor. Um lado permite ao outro certos desvios da "normalidade" sob uma condição: que a minoria tolerada não ultrapasse
a "fronteira do suportável". A crítica feita a essa "concepção
de permissão" autoritária (Rainer Forst) é legítima. Porque é
evidente que a autoridade em vigor estabelece de maneira arbi-
trária a fronteira da tolerância – a fronteira entre o que ainda
é e o que não é mais "aceitável". Assim pode gerar a impressão
de que a tolerância – que só pode ser praticada no interior de
uma fronteira a partir da qual a tolerância acaba – também tem,
ela própria, um núcleo de intolerância. Essa reflexão está provavelmente por trás da sua pergunta.

Hoje lidamos com esse paradoxo no contexto da "democracia defensiva", por exemplo. Segundo essa concepção, as liberdades civis democráticas encontram seus limites na práxis
dos inimigos da democracia. Nenhuma liberdade para os inimigos da liberdade. Também é certamente possível demonstrar
com esse exemplo que a desconstrução completa do conceito
de tolerância cai numa armadilha. Isso porque o Estado de direito contradiz exatamente a premissa a partir da qual o sentido paternalista de tolerância é derivado. No interior de uma

O Ocidente dividido

coletividade política em que os cidadãos concedem direitos iguais de forma recíproca, não há mais lugar para uma autoridade que poderia determinar *unilateralmente* a fronteira do que deve ser tolerado. Na base da igualdade e do reconhecimento recíproco dos cidadãos, ninguém tem o privilégio de determinar as fronteiras da tolerância apenas da perspectiva de seus próprios valores. É certo que a tolerância recíproca também requer outras convicções às quais cada um renuncia, a tolerância em relação a outras formas de vida que valoramos menos do que a nossa própria e uma demarcação na base de orientações de valor compartilhadas. Mas no caso de uma coletividade democrática, essas condições já estão registradas na constituição como princípios de justiça. É claro que também existe disputa em torno das normas e princípios da Constituição. O que me importa é a reflexividade peculiar desses princípios e normas – e assim chegamos na questão do universalismo.

Já na própria Constituição são estabelecidos procedimentos e instituições que devem decidir sobre os conflitos de interpretação constitucional – e que devem decidir também sobre a questão de por onde passa a fronteira no caso concreto, para além de uma agitação pública que abandona o "solo da Constituição" (como é o caso do extremismo islâmico hoje). Curiosamente, a constituição transcende a todos esses procedimentos, a todas essas práticas e organizações em que sua forma normativa ganha uma forma vinculante. Ela pode inclusive recuperar reflexivamente as condições constitucionais das possíveis transgressões de fronteira, na medida em que admite a desobediência civil. Uma Constituição democrática tolera ainda a resistência dos dissidentes que, depois do esgotamento de todos os meios jurídicos, podem apesar disso contestar resoluções e sentenças tomadas de forma legítima — ainda que sob a condição de que essa resistência violadora da regra se justifique de maneira plausível a partir do espírito e da letra da Constituição e que deva ser conduzida com meios que confiram à luta o caráter de um apelo não violento à maioria, para que ela repense sua escolha mais uma vez. Dessa forma, o projeto democrático de realização de direitos civis iguais retira suas forças da própria resistência daquelas minorias que, por mais que apareçam como inimigas da democracia aos olhos da maioria, *podem* se revelar suas verdadeiras amigas.

Essa autotransgressão reflexiva da fronteira de tolerância de uma "democracia defensiva" se deve, para voltar à sua pergunta, ao universalismo das bases jurídicas e morais de uma ordem liberal. Em sentido estrito, "universalista" é apenas o individualismo igualitário de uma moral racional que exige o reconhecimento recíproco no sentido da atenção igual para cada um e da consideração recíproca para cada um. O pertencimento a uma comunidade moral inclusiva, ou seja, aberta para todos, promete não só solidariedade e uma inclusão não discriminatória, mas significa o direito igual de cada um à individualidade e à alteridade ao mesmo tempo. Os discursos inspirados por essas ideias se diferenciam estruturalmente de outros discursos por duas características essenciais.

Por um lado, os discursos universalistas do direito e da moral se deixam usar indevidamente de forma especialmente pérfida porque eles podem esconder interesses particulares por trás da fachada reluzente da universalidade racional. É nessa função ideológica, que já tinha sido denunciada pelo jovem Marx, que aliás se apoia o ressentimento de Carl Schmitt quando ele joga a "humanidade" — a reivindicação dos padrões

O Ocidente dividido

do individualismo igualitário – e a "bestialidade" no mesmo saco. O que fascistas como ele desconsideram, e que de forma alguma foi ignorado por Marx, é a outra característica desses discursos – uma autorreferencialidade particular que faz que esses discursos sejam veículos para processos de aprendizagem que se corrigem. Como toda crítica que fazemos contra a utilização estrábica e seletiva de padrões universalistas e que já precisa pressupor exatamente esses padrões, qualquer desmascaramento desconstrutivista do uso ideológico-encobridor dos discursos universalistas se vê assim remetido aos aspectos críticos que são adiantados por esses próprios discursos. O universalismo moral e jurídico é imbatível no sentido de que a práxis incorreta só pode ser criticada com base em seus próprios padrões.

Uma última pergunta: é possível fazer alguma coisa com o conceito de "heroísmo"?

Habermas: Podemos apenas admirar a coragem, a disciplina e o altruísmo dos bombeiros de Nova York que espontaneamente colocaram sua vida em jogo para salvar a de outros. Mas por que eles devem ser chamados de *heroes*? Talvez a palavra tenha outras conotações em inglês do que em alemão. Parece-me que sempre que heróis são venerados, é colocada a questão de quem precisa disso – e por quê. Mesmo nesse sentido inofensivo conseguimos entender o aviso dado por Brecht: "Pobre do país que precisa de heróis".

2
O que significa a derrubada do monumento?*

O mundo inteiro observou aquela cena de 9 de abril de 2003 em Bagdá. Acompanhou como os soldados americanos colocaram a corda no pescoço do ditador e, de forma simbólica, derrubaram-no de sua base sob os aplausos da multidão. Primeiro o monumento aparentemente inabalável cambaleou, depois caiu. Antes que ele fosse arremessado para o chão de forma libertadora, a gravidade precisou superar a posição grotesca e não natural de suspensão horizontal em que a figura massiva ainda permaneceu por um segundo de terror, balançando para cima e para baixo. Assim como a percepção da forma de um quadro enigmático "vira", da mesma forma a percepção pública da guerra pareceu se inverter com essa cena. A disseminação moralmente obscena do choque e do terror em meio a uma população cadavérica, indefesa e severamente bombardeada se transformou nesse dia na libertação dos cidadãos do terror e da opressão, celebrada entusiasticamente no bairro

---

* Publicado originalmente no *Frankfurter Allgemeine Zeitung*, de 17 de abril de 2003, p.33. (N. E.)

xiita de Bagdá. Ambas as percepções contêm um momento de verdade, mesmo se evocam sentimentos morais e posicionamentos conflitantes. A ambivalência de sentimentos precisa levar a juízos contraditórios?

À primeira vista, a coisa é fácil. Uma guerra ilegal continua a ser um ato contrário ao direito internacional mesmo quando ela leva a resultados normativamente desejados. Mas essa é a história toda? Consequências ruins podem deslegitimar uma boa intenção. Boas consequências não podem se desdobrar em uma força legitimadora posterior? As valas comuns, as masmorras subterrâneas e os relatos dos torturados não deixam dúvidas sobre a natureza criminosa do regime, e a libertação de uma população atormentada por um regime bárbaro é um bem superior, o mais elevado entre os bens desejáveis. Nessa medida, se aplaudem, saqueiam ou permanecem apáticos, os iraquianos também emitem um julgamento sobre a natureza moral da guerra. Entre nós, duas reações se desenham na esfera pública política.

Os pragmáticos acreditam na força normativa do factual e confiam numa capacidade prática de julgar que reconhece o fruto da vitória com uma vista apurada para as fronteiras políticas da moral. Para eles, a discussão sobre a legitimidade da guerra é *infrutífera* porque, no meio-tempo, ela se transformou em fato histórico. Os outros, se *capitulam* diante da força do factual quer por oportunismo ou por convicção, afastam o que entendem por dogmatismo do direito internacional com a justificativa de que ele fecha os olhos para a liberdade política como valor verdadeiro, por puro melindre contra os riscos e custos da força militar. Ambas as reações não vão longe o suficiente porque cedem às paixões contra as supostas abstrações de um

O Ocidente dividido

"moralismo sem sangue", sem deixarem claras as alternativas que os neoconservadores em Washington propõem à domesticação do poder estatal pelo direito internacional. Não opõem a moral do direito internacional ao realismo ou ao *pathos* de liberdade, mas a uma visão revolucionária: quando o regime do direito internacional falha, a imposição politicamente bem-sucedida de uma ordem mundial liberal está moralmente justificada, mesmo que ela se valha de meios que violam o direito internacional.

O Wolfowitz não é o Kissinger. Ele é um revolucionário, não um cínico do poder político. É certo que a superpotência se reserva o direito de agir de forma unilateral e, quando necessário, também de fazer uso preventivo de todos os meios militares à sua disposição para reforçar sua posição hegemônica perante possíveis rivais. Mas a ambição global por poder não é uma finalidade em si para os novos ideólogos. O que diferencia os neoconservadores da escola dos "realistas" é a visão de uma política americana para a ordem mundial que salta dos trilhos reformistas da política de direitos humanos da ONU. Ela não trai os objetivos liberais, mas arrebenta as amarras civilizatórias que a constituição das Nações Unidas coloca, com boas razões, ao processo de realização desse objetivo.

É certo que a organização mundial não está hoje em condições de obrigar os Estados-membros desviantes a garantir uma ordem democrática e de Estado de direito para seus cidadãos. E a política de direitos humanos seguida de forma altamente seletiva está sob a reserva do possível: a Rússia, potência com poder de veto, não precisa temer uma intervenção armada na

Jürgen Habermas

Chechênia. A utilização de gás asfixiante contra a própria população curda por parte de Saddam Hussein é apenas um de vários casos na crônica escandalosa das falhas de uma comunidade de Estados que fecha os olhos até mesmo para os genocídios. É por isso que a função central de manutenção da paz se torna mais importante e é a partir dela que a existência das Nações Unidas se justifica – trata-se, portanto, da implementação da proibição das guerras de agressão, por meio da qual foi abolido o *ius ad bellum* [direito à guerra] depois da Segunda Guerra Mundial e foi limitada a soberania dos Estados individuais. Com isso, o direito internacional clássico deu ao menos um passo decisivo em direção ao Estado jurídico cosmopolita.

Com a Guerra do Iraque, os Estados Unidos, que por meio século puderam ser considerados pioneiros nesse caminho, não só destruíram essa reputação e abriram mão do papel de poder garantidor do direito internacional: com sua atuação contrária ao direito internacional, eles dão um exemplo devastador para as futuras superpotências. Não nos enganemos: a autoridade normativa dos Estados Unidos está em ruínas. Nenhuma das duas condições para um uso do poder militar legitimado pelo direito foi preenchida: não houve a situação de autodefesa contra um ataque atual ou iminente, nem qualquer resolução do Conselho de Segurança segundo o capítulo VII da Carta das Nações Unidas. Nem a resolução 1441, nem qualquer uma das dezessete resoluções sobre o Iraque que foram antecipadas (e "usadas") podem valer como autorização suficiente. A fração dos que queriam a guerra confirmou isso incidentalmente e de maneira performativa, na medida em que primeiro se esforçaram por uma "segunda" resolução, mas depois só não levaram uma petição correspondente para votação porque eles não

O Ocidente dividido

podiam sequer contar com uma maioria "moral" dos membros sem direito a voto. Por fim, todo o procedimento se tornou uma farsa na medida em que o presidente dos Estados Unidos declarou repetidamente que também poderia agir sem o mandato do Conselho de Segurança. À luz da doutrina Bush, desde o início faltou à marcha dos militares em direção ao Golfo o caráter de mera ameaça. Esse caráter teria pressuposto a *evitabilidade* das sanções ameaçadas.

A comparação com a intervenção no Kosovo tampouco fornece qualquer alívio. É fato que uma autorização do Conselho de Segurança também não foi alcançada nesse caso. Mas a legitimação recuperada posteriormente pode se basear em três circunstâncias: no impedimento de uma limpeza étnica que estava em curso (segundo o nível de conhecimento de então), no pedido de ajuda em caso de emergência, previsto pelo direito internacional e válido *erga omnes* nesse caso, bem como no caráter incontestavelmente democrático e de Estado de direito de todos os Estados-membros da aliança militar que age alternativamente. Hoje o dissenso normativo divide o próprio Ocidente.

Contudo, já se desenhava na época, em abril de 1999, uma diferença significativa nas estratégias de justificação entre as potências da Europa continental e as anglo-saxãs. Enquanto um lado aprendeu a lição do desastre de Srebrenica de acabar com a distância entre efetividade e legitimação, aberta com a intervenção armada de missões anteriores, para assim avançar no caminho em direção a um direito cosmopolita completamente institucionalizado, o outro lado se contentou com o objetivo normativo de disseminar sua própria ordem liberal em outros lugares, com uso da força quando necessário. Na época, atribuí essa diferença a tradições distintas do pensamento jurídico – o cosmopolitismo de Kant, por um lado, o nacionalismo liberal de John Stuart Mill, por outro. Mas, à luz do unilateralismo hegemônico seguido pelos mentores da doutrina Bush desde 1991 (ver a documentação de Stefan Fröhlich no *Frankfurter Allgemeine Zeitung* de 10 de abril de 2003), poderíamos suspeitar, retrospectivamente, que a delegação norte-americana já tinha conduzido as discussões de Rambouillet sob esse ponto de vista original. Seja como for, a decisão de George W. Bush de consultar o Conselho de Segurança não surgiu do desejo de legitimação do direito internacional, legitimação por muito tempo entendida internamente como supérflua. Essa retaguarda só foi desejada porque ela amplia a base para a "coalizão dos dispostos" e dispersaria as dúvidas de sua própria população.

No entanto, não devemos entender a nova doutrina como expressão de um cinismo normativo. Funções como a proteção geoestratégica de esferas de poder e de recursos vitais que também devem ser satisfeitas por uma política como essa podem impor uma abordagem de crítica da ideologia. Mas essas explicações convencionais banalizam a quebra de normas, inimaginável há um ano e meio, a que os Estados Unidos estavam comprometidos até então. Nós agimos bem quando não nos detemos na atribuição de motivos, mas tomamos antes a nova doutrina por suas próprias palavras. De outro modo, desconsideramos o caráter revolucionário de uma reorientação que se alimenta das experiências históricas dos séculos passados.

O Ocidente dividido

Foi com razão que Hobsbawm chamou o século XX de o "século americano". Os neoconservadores podem se considerar "vencedores" e usar os indiscutíveis sucessos – a nova e bem-sucedida ordenação da Europa e dos territórios do Pacífico e do Sudeste Asiático depois da derrota da Alemanha e do Japão, bem como a remodelação das sociedades do Leste Europeu e da Europa Central depois do desmoronamento da União Soviética – como exemplo de uma nova ordem mundial gerada sob a liderança dos Estados Unidos. Do ponto de vista de uma pós-história interpretada de maneira liberal *à la* Fukuyama, esse modelo tem a vantagem de tornar desnecessária a complicada explicação dos objetivos normativos: o que seria melhor para as pessoas do que a difusão mundial dos Estados liberais e da globalização do livre mercado? O caminho nessa direção também está claro: a Alemanha, o Japão e a Rússia foram obrigados a ficar de joelhos por meio da guerra e da intensificação do armamento. A força militar se oferece muito mais hoje do que o vencedor que obteve sucesso em guerras assimétricas com relativamente poucas vítimas se dá conta *a priori*. As guerras que melhoram o mundo não precisam de *outra* justificação. Ao preço de danos colaterais desprezíveis, elas eliminam o mal inequívoco que continuaria a existir sob a égide de uma impotente comunidade de Estados. O Saddam que foi derrubado da base do monumento *é* o argumento que basta para a justificação.

Essa doutrina foi desenvolvida muito antes do ataque terrorista às Torres Gêmeas. No entanto, a psicologia das massas dirigida sabiamente ao choque bastante compreensível do Onze de Setembro foi a primeira a conseguir criar o clima em que a teoria pudesse ter amplo sucesso – ainda que em uma outra versão, intensificada com a "guerra contra o terrorismo". A intensificação que levou à doutrina Bush se deve à definição de um fenômeno essencialmente novo em relação aos conceitos familiares à guerra convencional. No caso do regime talibã, existia de fato uma relação causal entre o terrorismo intangível e um "Estado vilão" tangível. Segundo esse padrão, também é possível, com a operação clássica da guerra entre Estados, puxar o tapete do tipo de perigo pérfido que parte de redes difusas e com operações em todo o mundo.

Em comparação com a versão original, essa vinculação do unilateralismo hegemônico com a defesa diante de uma ameaça insidiosa coloca o argumento da autodefesa em jogo. No entanto, ela também cai em novas necessidades de prova. O governo dos Estados Unidos teve que tentar convencer a esfera pública mundial de que existiam contatos entre Saddam Hussein e a Al-Qaeda. No fim das contas, essa campanha de desinformação foi tão bem-sucedida no próprio país que, segundo as últimas pesquisas de opinião, 60% dos norte-americanos aprovam a troca de regimes no Iraque como "expiação" para o ato terrorista de Onze de Setembro. Mas a doutrina Bush realmente não oferece uma explicação plausível para a utilização *preventiva* de meios militares. O fato de o poder não estatal dos terroristas – a "guerra em tempos de paz" – escapar da categoria de guerra entre Estados não significa que ele justifique de qualquer forma a necessidade de enfraquecer a legítima defesa estatal, estritamente regulada pelo direito internacional, no sentido de uma autodefesa *bélica* antecipada.

Só uma prevenção em *outro* plano pode ser eficaz contra os inimigos conectados globalmente e que operam de forma descentralizada e invisível. Bombas e mísseis, aviões e tanques não

O Ocidente dividido

ajudam aqui, mas sim a formação de uma rede internacional dos serviços de inteligência e das agências de investigação criminal estatais, o controle de fluxos de dinheiro e, por fim, o rastreamento de conexões logísticas. Os respectivos "programas de segurança" não atingem o direito internacional, mas os direitos de cidadania garantidos pelo Estado. Outros perigos que nascem do fracasso, obtido por culpa própria, de uma política de não difusão de armas de destruição em massa são, de toda forma, mais facilmente vencidos por meio de negociações do que por meio de guerras pelo desarmamento, como mostra a reação cautelosa a respeito da Coreia do Norte.

A doutrina intensificada no que diz respeito ao terrorismo não oferece, portanto, qualquer ganho de legitimação se comparada ao objetivo de uma ordem mundial hegemônica perseguido de forma direta. A derrubada do Saddam da base do monumento continua a ser o argumento – o símbolo para a reordenação liberal de toda uma região. A guerra do Iraque é um elo da corrente de uma política de formação de uma ordem mundial que se justifica na medida em que se coloca no lugar de uma política de direitos humanos mal-sucedida de uma organização mundial já desgastada. Os Estados Unidos tomam, na condição de depositário fiel, o papel que a ONU se recusou a desempenhar. Quais são as razões contra isso? Sentimentos morais podem levar ao erro por se prenderem a cenas individuais, a imagens individuais. Eles não passam por nenhum caminho que trate da questão da justificação da guerra como um todo. O dissenso decisivo está na questão de se o contexto internacional da legitimação pode e deve ser implementado por meio da política unilateral de formação de uma ordem mundial de um *hegemon* que dá poder a si mesmo.

As *objeções empíricas* contra a *exequibilidade* da visão americana nos levam a perceber que a sociedade mundial se tornou complexa demais para ser controlada a partir de um centro e por meio de uma política baseada no poder militar. Diante do medo da superpotência armada tecnologicamente, o medo cartesiano parece se condensar, na medida em que um sujeito tenta transformar a si mesmo e o mundo à sua volta em objeto para ter tudo sob controle. Se comparada com os meios dos mercados organizados em redes horizontais e com a comunicação cultural e social, a política perde terreno quando retrocede à forma hobbesiana da origem de um sistema de segurança hierárquico. Um Estado que relaciona todas as opções à alternativa burra de guerra ou paz logo esbarra nas fronteiras de suas próprias capacidades de organização e de seus recursos. Ele também conduz o entendimento nas relações com poderes concorrentes e com culturas estrangeiras por canais errados e leva os custos de coordenação a alturas vertiginosas.

Mesmo se o unilateralismo hegemônico fosse viável, ele teria *efeitos colaterais* que são *indesejados do ponto de vista normativo* segundo seus próprios critérios. Quanto mais o poder político se tornar válido através das dimensões das forças armadas, do serviço secreto e da polícia, ele — o político no papel de um poder civilizatório mundial — cai cada vez mais em seus próprios braços e ameaça a missão de melhorar o mundo segundo ideias liberais. Nos próprios Estados Unidos, o regime permanente de um "presidente de guerra" já mina hoje as bases do Estado de direito. Independentemente dos métodos de tortura praticados ou tolerados fora das fronteiras do país, o regime de guerra não priva apenas os presos de Guantánamo dos direitos que lhe são atribuídos pela Convenção de Genebra. Ele concede margem de

O Ocidente dividido

manobra às agências de segurança que restringem os direitos constitucionais de seus próprios cidadãos. E a doutrina Bush não ofereceria medidas contraprodutivas para o caso não improvável de os cidadãos na Síria, na Jordânia, no Kuwait etc. fazerem um uso desagradável das liberdades democráticas que o governo norte-americano quer lhes oferecer? Os americanos libertaram o Kuwait em 1991, mas não o democratizaram.

Mas o papel de depositário fiel usurpado pela superpotência esbarra sobretudo na contradição de aliados que não estão convencidos da pretensão unilateral de liderança *por boas razões normativas*. Houve uma época em que o nacionalismo liberal se sentiu autorizado a disseminar os valores universais de sua própria ordem liberal em todo mundo e, quando necessário, a fazê-lo com apoio militar. Essa arrogância não se torna mais suportável por ter passado de um Estado nacional para um poder hegemônico. É justamente o núcleo universal da democracia e dos direitos humanos que proíbe sua imposição unilateral a ferro e fogo. A pretensão universal de validade que o Ocidente vincula a seus "valores políticos fundamentais" – com o procedimento de autodeterminação democrática e com o vocabulário dos direitos humanos, portanto – não pode ser confundido com a pretensão imperialista de que a forma de vida política e a cultura de uma democracia determinada – mesmo que seja a mais antiga das democracias – seja exemplar para todas as sociedades.

Era deste tipo o "universalismo" daqueles antigos impérios que percebiam o mundo para além de suas fronteiras desvanecentes no horizonte e a partir da perspectiva central de suas próprias imagens de mundo. Por outro lado, a autocompreensão moderna é marcada por um universalismo igualitário que insiste no descentramento das próprias perspectivas; para isso ele precisa relativizar o próprio olhar a partir das perspectivas de interpretação dos outros, que têm direitos iguais. Foi justamente o pragmatismo norte-americano que estabeleceu a ideia de que o que é bom ou justo para todas as partes na mesma medida é dependente da tomada recíproca de perspectivas. A razão do direito racional moderno não se torna válida em "valores" universais dos quais, como se fossem bens, podemos tomar posse, distribuir globalmente e exportar por todo o mundo. Os "valores" — mesmo aqueles que devem contar com reconhecimento global — não pairam no ar, mas obtêm caráter vinculante apenas nas ordens e práticas normativas de formas culturais de vida determinadas. Quando milhares de xiitas protestam contra o Saddam e contra a ocupação americana em Nassíria, eles também expressam a ideia de que as culturas não ocidentais precisam se apropriar do conteúdo universal dos direitos humanos de acordo com seus próprios recursos e em uma forma de leitura que estabeleça um vínculo convincente com as experiências e os interesses locais.

É também por isso que a formação da vontade multilateral não é apenas uma opção entre outras nas relações entre Estados. Em seu isolamento voluntário, até mesmo o bom *hegemon* que se apresenta como depositário fiel de interesses universais não teria como *saber* se o que ele faz pensando que atua no interesse dos outros é de fato bom para todos *em igual medida*. Não existe uma alternativa razoável para o desenvolvimento cosmopolita de um direito internacional que alcance as vozes de todos os concernidos na mesma medida e para a escuta recíproca. Até agora, a organização mundial não passou por grandes danos. Ela até ganhou prestígio e influência pelo fato

O Ocidente dividido

de os membros "pequenos" do Conselho de Segurança não terem cedido às pressões dos grandes. A reputação da organização mundial só pode ser prejudicada por sua própria culpa: se ela resolver tentar "curar" por meio de acordos o que não pode ser curado.

II
A voz da Europa na multiplicidade de vozes de suas nações

3
O 15 de fevereiro ou:
o que une os europeus[1]

Apresentação: É muito importante para Jacques Derrida e Jürgen Habermas assinarem conjuntamente esta análise que é, ao mesmo tempo, um apelo. Apesar dos conflitos que podem tê-los separado no passado, hoje entendem que é necessário e urgente que filósofos alemães e franceses levantem suas vozes juntos. Este texto foi escrito por Jürgen Habermas — como será fácil de perceber. Por razões pessoais, Jacques Derrida não conseguiu escrever um texto próprio, ainda que tivesse gostado de fazê-lo. No entanto, ele sugeriu a Jürgen Habermas que poderiam assinar esse apelo conjuntamente e compartilha de suas premissas e perspectivas significativas: a determinação de novas responsabilidades políticas europeias para além do eurocentrismo de cada um, o apelo por uma aprovação renovada e por uma transformação efetiva do direito internacional e de suas instituições, em especial da ONU, uma nova concepção e uma nova práxis da divisão dos poderes estatais etc. em um espírito, quando não em um sentido, que remete à tradição kantiana. Além disso, as observações de Jürgen Habermas se interseccionam em muitos pontos com

---

1 Este ensaio publicado em conjunto com Jacques Derrida foi parte de uma iniciativa na qual se envolveram, ao mesmo tempo, Umberto Eco, Adolf Muschg, Richard Rorty, Fernando Savater e Gianni Vattimo em diferentes jornais europeus. Publicado originalmente no *Frankfurter Allgemeine Zeitung* de 31 de maio de 2003, p.33 ss.

reflexões que Jacques Derrida desenvolveu há pouco tempo em seu livro Voyous. Deux Essais sur la raison [*Delinquentes: dois ensaios sobre a razão*] *(Galilée, 2002). Em alguns poucos dias, será publicado um livro de Jürgen Habermas e Jacques Derrida nos Estados Unidos com duas palestras que cada um deles proferiu em Nova York depois do Onze de Setembro de 2001. Apesar das evidentes diferenças em suas abordagens e argumentações, suas opiniões também se tocam aqui tendo em vista o futuro das instituições do direito internacional e das novas tarefas para a Europa. (J. Derrida)*

Não deveríamos esquecer de duas datas: do dia em que os jornais anunciaram a seus leitores perplexos a declaração de lealdade a Bush, ao que o primeiro-ministro espanhol convidou os governos europeus que queriam a guerra pelas costas dos outros colegas da União Europeia. Mas tampouco deveríamos esquecer do dia 15 de fevereiro de 2003, quando as massas que protestavam em Londres e Roma, Madri e Barcelona, Berlim e Paris reagiram a esse ataque repentino. A simultaneidade dessas manifestações avassaladoras – as maiores desde o final da Segunda Guerra Mundial – pode, em retrospectiva, entrar nos livros de história como um sinal para o nascimento de uma esfera pública europeia.

Durante os meses de chumbo que antecederam a eclosão da guerra do Iraque, uma divisão do trabalho moralmente obscena revolveu os sentimentos. A grande operação logística da implacável marcha militar e a atividade febril das organizações de ajuda humanitária engataram uma na outra de forma precisa como se fossem engrenagens. O espetáculo ocorreu de forma impassível diante dos olhos da população que – privada de sua própria iniciativa – viria a ser a vítima. Não há dúvida de que o poder dos sentimentos mobilizou os cidadãos da Europa conjuntamente.

O Ocidente dividido

Mas, ao mesmo tempo, a guerra trouxe à consciência dos europeus o fracasso, há muito tempo iniciado, de sua política externa comum. Como no resto do mundo, a ruptura sem cerimônias com o direito internacional também acendeu na Europa uma disputa sobre o futuro da ordem internacional. Mas os argumentos divididos nos atingiram de forma mais profunda.

As conhecidas linhas de ruptura se destacaram de modo mais nítido ao longo dessa disputa. Os posicionamentos controversos sobre o papel da superpotência, sobre a futura ordem mundial, sobre a relevância do direito internacional e da ONU permitiram que as oposições latentes irrompessem publicamente. A divergência entre países continentais e anglo-saxões, por um lado, entre a "velha Europa" e os candidatos do Leste Europeu a se tornarem membros da União Europeia, por outro, aprofundou-se. No Reino Unido, a *special relationship* com os Estados Unidos não é de forma alguma incontestável, mas continua a ter uma posição no alto da ordem de preferências de Downing Street. E os países do Leste Europeu almejam entrar na União Europeia sem, no entanto, estarem preparados para já deixar sua soberania recém-conquistada ser restringida novamente. A crise do Iraque foi só o catalisador. A oposição entre as nações que realmente querem um aprofundamento da União Europeia e aquelas que têm um *claro* interesse em congelar o modo de governo intergovernamental existente ou, no melhor dos casos, em fazer mudanças cosméticas também se mostra na convenção constitucional de Bruxelas. Agora a oposição não pode continuar a ser disfarçada.

A futura Constituição vai nos dar um ministro das Relações Exteriores europeu. Mas de que serve um novo cargo enquanto os governos não se põem de acordo a respeito de uma política comum? Um Fischer com um título oficial modificado também seria tão impotente quanto Solana. No momento, só os Estados-membros que formam o núcleo da integração europeia estão prontos para conceder certas qualidades estatais à União Europeia. O que fazer se apenas esses países conseguirem se colocar de acordo sobre uma definição de "interesse próprio"? Se a Europa não deve desmoronar em pedaços, esses países devem fazer uso do mecanismo da "cooperação reforçada" adotado agora em Nice para dar início a uma "Europa a várias velocidades", com uma política externa, de segurança e de defesa comuns. Disso se irradia um efeito de atração do qual os outros membros — principalmente na zona do euro — não vão conseguir escapar a longo prazo. Não deve e não pode existir separatismo nos limites da futura constituição europeia. Avançar não significa excluir. O núcleo de vanguarda da Europa não deve se consolidar em uma pequena Europa; ele deve ser — como frequentemente é — a locomotiva. Os Estados-membros da União Europeia que cooperam mais estreitamente já vão deixar suas portas abertas por interesse próprio. É mais provável que os convidados entrem por essas portas quanto mais cedo o núcleo europeu for capaz de agir externamente e quanto mais cedo comprovar que, em uma sociedade mundial complexa, não contam apenas as divisões, mas o *soft power* de agendas de negociação, relações e vantagens econômicas.

Nesse mundo, uma intensificação da política que se baseia na alternativa — tanto burra quanto cara — entre guerra e paz não vale a pena. A Europa precisa colocar seu peso no plano internacional e nos limites da ONU no prato da balança para contrabalancear o unilateralismo hegemônico dos Estados Unidos. Nas cúpulas da economia mundial e nas instituições

O Ocidente dividido

da Organização Mundial do Comércio, do Banco Mundial e do Fundo Monetário Internacional, a Europa deveria fazer valer sua influência na configuração do desenho de uma futura política interna mundial.

No entanto, a política de uma maior expansão da União Europeia esbarra hoje nas fronteiras dos meios de controle administrativo. Até agora, os imperativos funcionais da produção de uma área econômica e monetária comum fizeram avançar algumas reformas. Essas forças motrizes estão esgotadas. Uma política *configuradora* que exige dos Estados-membros não apenas a eliminação de obstáculos concorrenciais, mas uma vontade comum, depende dos motivos e da disposição dos *próprios cidadãos*. Decisões majoritárias sobre importantes mudanças de rumo da política externa só devem contar com aceitação quando as minorias vencidas forem solidárias. Mas isso pressupõe um sentimento de pertencimento político. As populações precisam, de certa forma, "aumentar" suas identidades nacionais para expandi-las a uma dimensão europeia. A solidariedade cidadã já bastante abstrata hoje, que se restringe aos membros de uma só nação, deve ser alargada aos cidadãos europeus de outras nações no futuro.

Isso coloca em jogo a questão da "identidade europeia". Só a consciência de um destino político comum e de uma perspectiva convincente para um futuro comum podem impedir as minorias derrotadas de obstruir uma vontade da maioria. Fundamentalmente, os cidadãos de uma nação devem ver as cidadãs de uma outra nação como "um de nós". Esse *desiderato* leva à pergunta que tantos céticos trazem à cena: existem experiências, tradições e conquistas históricas que fundam a consciência de um destino político vivenciado em conjunto e que *deve ser formado em conjunto* para os cidadãos europeus? Uma "visão" atrativa e também contagiante para uma futura Europa não cai do céu. Hoje ela só pode nascer a partir de uma sensação perturbadora de desamparo. Mas ela *pode* ter origem nas dificuldades de uma situação em que nós europeus lançamos para nós mesmos. E ela precisa se articular na cacofonia selvagem de uma esfera pública com uma multiplicidade de vozes. Se o tema não entrou nem uma vez para a agenda até agora, nós intelectuais falhamos.

Os perigos de uma identidade europeia

É fácil se colocar de acordo sobre questões não vinculantes. Paira para todos nós a imagem de uma Europa pacífica, cooperativa, aberta a outras culturas e capaz de diálogo. Nós aclamamos a Europa que encontrou soluções exemplares para dois problemas na segunda metade do século XX. A União Europeia já se apresenta hoje como uma forma de "governar para além do Estado-nação" que poderia fazer escola na constelação pós--nacional. Os Estados de bem-estar social europeus também foram exemplares por muito tempo. No plano do Estado-nação, eles caíram hoje na defensiva. Mas também uma política futura de domesticação do capitalismo em espaços limitados não deve recuar em relação aos padrões de justiça social que eles estabeleceram. Se ela conseguiu acabar com dois problemas dessa ordem de grandeza, por que a Europa não deveria também colocar novos desafios para defender e fazer avançar uma ordem cosmopolita com base no direito internacional contra outros projetos concorrentes?

Um discurso que instiga a Europa inteira deveria certamente atingir disposições existentes que, de certa maneira,

O Ocidente dividido

esperam por um processo estimulante de autoentendimento. Dois fatos parecem contradizer esse pressuposto ousado. As conquistas históricas mais importantes da Europa não perderam sua força formadora de identidade precisamente em razão de seu sucesso mundial? E o que deve manter unida uma região que se distingue como nenhuma outra pela rivalidade contínua entre nações autoconscientes?

Essas conquistas não formam mais algo próprio da Europa porque cristianismo e capitalismo, as ciências naturais e a técnica, o direito romano e o *Code Napoléon*, a forma de vida urbano-burguesa, a democracia e os direitos humanos, a secularização do Estado e da sociedade se difundiram por outros continentes. A mentalidade ocidental enraizada na tradição judaico-cristã certamente tem traços característicos. Mas as nações europeias também compartilham esse hábito intelectual, que se distingue pelo individualismo, racionalismo e ativismo, com os Estados Unidos, o Canadá e a Austrália. Como contorno intelectual, o "Ocidente" abarca mais do que a Europa.

Além disso, a Europa é composta por Estados nacionais que se delimitam de forma polêmica. A consciência nacional marcada nos idiomas nacionais, na literatura e na história nacionais teve, por muito tempo, o impacto de uma carga explosiva. É claro que reações à força destrutiva desse nacionalismo também desenvolveram padrões de atitude que, do ponto de vista dos não europeus, dão uma cara própria à sua ampla diversidade cultural. Uma cultura que há muitos séculos, e mais do que qualquer outra, foi dilacerada por conflitos entre cidade e campo, entre poderes religiosos e seculares, pela concorrência entre fé e saber, pela luta entre poderes políticos e classes antagônicas, precisou aprender com a dor como diferenças podem ser comunicadas, como oposições podem ser institucionalizadas e como tensões podem ser estabilizadas. Também o reconhecimento de diferenças – o reconhecimento recíproco do outro em sua alteridade – pode se tornar uma característica de uma identidade comum.

A pacificação de oposições de classe por parte do Estado de bem-estar social e a autolimitação da soberania estatal nos limites da União Europeia são os mais novos exemplos para isso. Segundo as palavras de Eric Hobsbawm, a Europa viveu sua "era de ouro" deste lado da cortina de ferro no terceiro quarto do século XX. Desde então é possível reconhecer alguns traços de uma mentalidade política comum, tanto que os outros nos percebem antes como europeus do que como alemães ou franceses – e isso não acontece só em Hong Kong, mas até mesmo em Tel-Aviv. É verdade: a secularização avançou muito nas sociedades europeias, se comparado com outras sociedades. Aqui, os cidadãos encaram ultrapassagens das fronteiras entre política e religião com desconfiança. Os europeus têm uma confiança relativamente grande no desempenho das organizações e nas capacidades de controle do Estado, ao mesmo tempo que são céticos em relação à capacidade de desempenho do mercado. Eles têm um sentido forte da "dialética do esclarecimento", não nutrem qualquer expectativa otimista inabalada a respeito de avanços técnicos. Eles têm preferência pelas garantias de segurança do Estado de bem-estar social e por regulações solidárias. O limiar da tolerância em relação ao uso de violência contra pessoas é comparativamente baixo. O desejo de uma ordem internacional multilateral e regulada pelo direito se junta com a esperança de uma política interna mundial nos limites de uma ONU reformada.

O Ocidente dividido

A constelação que permitiu aos europeus ocidentais favorecidos desenvolverem uma mentalidade como essa na sombra da Guerra Fria desmoronou a partir de 1989/1990. Mas o dia 15 de fevereiro mostra que a própria mentalidade sobreviveu a seu contexto de origem. Isso também explica por que a "velha Europa" se vê desafiada pela política hegemônica irresoluta da superpotência *aliada*. E também explica por que tantos na Europa, que aclamam a derrubada do Saddam como libertação, recusam o caráter violador do direito internacional da invasão unilateral, preventiva, tão desconcertante quanto insuficientemente justificada. Quão estável é essa mentalidade sozinha? Ela tem raízes em experiências e tradições históricas mais profundas?

Hoje nós sabemos que muitas tradições políticas, que ganharam autoridade pela aparência de seu desenvolvimento natural, foram "inventadas". Em contraste, uma identidade europeia nascida à luz da esfera pública já tinha algo de construído desde o início. Mas só algo construído a partir da arbitrariedade traz essa mácula. A vontade ético-política que a hermenêutica dos processos de autoentendimento faz valer não é arbitrariedade. A diferenciação entre a herança da qual queremos tomar posse e aquela que queremos rejeitar exige tanta cautela quanto a decisão sobre o tipo de leitura do qual nos apropriamos. Experiências históricas se *candidatam* apenas a uma apropriação consciente, sem a qual não alcançam uma força formadora de identidade. Por fim, algumas palavras-chave sobre esses "candidatos" sob a luz dos quais a mentalidade europeia do pós-guerra pode ganhar um perfil mais nítido.

Jürgen Habermas

Raízes históricas de um perfil político

A relação entre Estado e Igreja se desenvolveu de maneiras diferentes na Europa moderna deste lado e do outro dos Pirineus, ao norte e ao sul dos Alpes, a leste e a oeste do Reno. A neutralidade de visão de mundo do poder estatal assumiu uma outra forma jurídica em cada um dos diferentes países europeus. Mas, no interior da sociedade civil, por toda a parte a religião adota uma posição apolítica parecida. Mesmo que possamos lamentar essa *privatização* social *da fé* sob outros aspectos, ela teve uma consequência desejável para a cultura política. Na nossa região, é difícil imaginar um presidente que comece seus deveres oficiais cotidianos com uma oração pública e que vincule suas decisões políticas importantes a uma missão divina.

A emancipação da sociedade civil da tutela do regime absolutista não esteve entrelaçada com a ocupação e com a remodelação democrática do Estado administrativo por toda a Europa. Mas a irradiação das ideias da Revolução Francesa por toda a Europa explica, entre outras coisas, por que aqui a política tem uma conotação positiva em ambas as formas – tanto como meio de segurança da liberdade quanto como poder de organização. Por outro lado, a implementação do capitalismo esteve ligada a oposições de classe acentuadas. Essa lembrança impede uma avaliação tão imparcial do mercado. As diferentes valorações *da política* e *do mercado* podem fortalecer os europeus em sua confiança no poder civilizatório de um Estado do qual eles também esperam a correção das "falhas de mercado".

O sistema partidário que teve origem na Revolução Francesa foi copiado muitas vezes. Mas só na Europa ele serve também para uma competição ideológica que submete as consequências

O Ocidente dividido

sociopatológicas da modernização capitalista a uma avaliação política contínua. Isso estimula a *sensibilidade dos cidadãos para os paradoxos do progresso*. Na disputa entre as interpretações conservadoras, liberais e socialistas, o que está em jogo é o contrapeso de dois aspectos: preponderam as perdas que surgem com a desintegração de formas de vida tradicionais e protegidas sobre os ganhos de um progresso quimérico? Ou preponderam os ganhos que os processos de destruição criadora de hoje colocam em perspectiva para amanhã sobre as dores dos perdedores da modernização?

Na Europa, as diferenças de classe que há muito continuam a ter influência foram vivenciadas pelos concernidos como um destino que só pode ser evitado por meio da ação coletiva. Assim, no contexto dos movimentos operários e das tradições cristãs-sociais, afirmou-se um *ethos da luta por "maior igualdade social"* de caráter solidário e com o objetivo de uma provisão igualitária para todos contra um *ethos* individualista da justiça baseada no desempenho e que aceita desigualdades sociais crassas.

A Europa de hoje está marcada pelas experiências dos regimes totalitaristas do século XX e pela Shoah – a perseguição e o extermínio dos judeus europeus, em que o regime nacional-socialista também envolveu as sociedades dos países conquistados. As discussões autocríticas sobre esse passado fizeram com que a base moral da política fosse recordada. Uma maior *sensibilidade para violações da integridade pessoal e corporal* se espelha, entre outros, no fato de que o Conselho da Europa e a União Europeia elevaram a renúncia à pena de morte à condição para entrada na União Europeia.

Um passado belicoso envolveu todas as nações europeias em conflitos sangrentos. Depois da Segunda Guerra Mundial, desenvolver novas formas supranacionais de cooperação foi a consequência que as nações europeias tiraram das experiências de mobilização militar e intelectual que se puseram uma contra a outra. A história de sucesso da União Europeia fortaleceu a convicção dos europeus de que a *domesticação do uso da força por parte do Estado* também exige uma limitação *recíproca* da margem de manobra do soberano no nível global.

Cada uma das grandes nações europeias viveu um auge da expansão imperialista do poder e, o que é importante para o nosso contexto, precisou trabalhar a experiência da perda de um império. Em muitos casos, essa experiência de declínio está ligada à perda de impérios coloniais. Com a distância crescente entre o poder imperial e a história colonial, as potências europeias também tiveram a chance de *tomar uma distância reflexiva de si mesmas*. Assim elas puderam aprender a perceber a si próprias pela perspectiva dos vencidos, no papel duvidoso de vencedoras a quem são pedidas satisfações pela violência de uma modernização outorgada e desenraizadora. Isso pode ter promovido a rejeição ao eurocentrismo e estimulado a esperança kantiana de construção de uma política interna mundial.

4
O núcleo da Europa como contrapoder? Questões[1]

Se lemos seu apelo em conjunto com seu artigo "O que significa a derrubada do monumento?" (Frankfurter Allgemeine Zeitung, 17/4/2003), *temos a impressão de que o senhor parte do fim do papel dos Estados Unidos como vanguarda normativa do século XX e proclama a Europa como nova autoridade territorial e moral para o século XXI que acaba de despontar. Mas se esse desejo deve servir à finalidade de posicionar a Europa como ator decisivo na cena mundial, então não há uma ameaça — pela ênfase nas especificidades europeias — de que consequências contraprodutivas para o Ocidente em geral e para a relação entre a Europa e os Estados Unidos em especial sejam geradas?*

Jürgen Habermas: A visão hegemônica que determina não só a retórica, mas também a ação do governo norte-americano atual, está em contradição com os princípios liberais da nova ordem mundial, sobre os quais tanto já falava o pai do presidente de hoje. Se o senhor me permite uma referência biográfica: já

---

1 A entrevista foi conduzida por Albrecht von Lucke para a revista *Blätter für Deutsche und internationale Politik* e publicada em julho de 2003 (p.801-6).

desde estudante, fui politicamente socializado de acordo com o espírito dos ideais do século XVIII norte-americano e francês. Se hoje eu digo que essa autoridade moral que os Estados Unidos obteve por ter ocupado o papel de um defensor da política global de direitos humanos está em cacos, cobro apenas – como, naquele tempo, no protesto contra a guerra do Vietnã – o cumprimento de seus próprios princípios. Nossa crítica se mede nas melhores tradições dos próprios Estados Unidos. Mas disso só resulta mais do que uma queixa melancólica se a Europa tomar consciência de suas próprias forças.

O senhor define sete características fundadoras da identidade da Europa (secularização, o Estado acima do mercado, a solidariedade acima do desempenho, ceticismo em relação à técnica, consciência dos paradoxos do progresso, rejeição do direito do mais forte, orientação para a paz em razão da experiência histórica de perda). Essa identidade europeia parece ter sido obtida sobretudo a partir do contraste com os Estados Unidos. Essa oposição não está superestimada em relação às orientações fundamentais universais comuns e em relação a outras contraimagens, por exemplo, o da teocracia fundamentalista?

Habermas: Ninguém precisa explicar que existe uma diferença de mentalidade política entre o Irã e a Alemanha. Mas se a União Europeia quer fazer valer um projeto concorrente no que diz respeito à configuração universalista da ordem internacional contra os Estados Unidos, ou se pelo menos deve surgir um contrapeso político da União Europeia contra o unilateralismo hegemônico, então a Europa precisa ganhar autoconfiança e um perfil próprio. Ela precisa se destacar – não contra "o" Ocidente, do qual nós fazemos parte, e tampouco contra a tradição liberal da mais antiga democracia, cujas raízes estão

O Ocidente dividido

na Europa. Ela precisa se voltar contra a perigosa política da visão de mundo de pessoas que chegaram ao governo sob circunstâncias bastante contingentes e até duvidosas e que espero que não sejam reeleitas tão cedo. Não deveríamos tentar atribuir um sentido mais profundo a essas coincidências por meio de grandes teorias.

A forte aprovação da guerra nos Estados Unidos se deve principalmente a diferenças fundamentais de mentalidade ou, em vez disso, sobretudo à influência da mídia?

Habermas: Todos temos telhados de vidro quando se trata de sedução política, de receptividade à propaganda do *big brother*. A mobilização da população e a exploração midiática uniformizada do choque mais do que compreensível do Onze de Setembro talvez tenham a ver com as experiências históricas de uma nação poupada até então, mas não têm diretamente uma relação com diferenças de mentalidade. Vou com frequência aos Estados Unidos desde 1965 e muitas vezes fico por lá por um semestre. Tenho a impressão de que o campo de discussão para controvérsias políticas abertas nunca esteve tão contraído quanto agora. Nunca pensei que seria possível esse grau de propaganda oficial do governo e de conformismo patriótico, não na América liberal.

Além disso, as forças centrífugas nunca foram tão fortes nesse continente multiétnico. E desde 1989 falta um inimigo externo que tenha a função latente de suprimir oposições internas. Muitas pessoas em Washington vão comemorar que o terrorismo reassumiu esse papel.

O senhor atribui ao núcleo da Europa o papel central no futuro processo de unificação europeia. Quem pertence a esse núcleo? Quem deve assumir o papel de condução no sentido do mecanismo de Nice?

Habermas: O projeto em andamento de levar a sério uma política externa com força simbólica e formadora de mentalidade, mas, apesar disso, fácil de institucionalizar, deveria partir da França, da Alemanha e dos Estados do Benelux (Bélgica, Holanda e Luxemburgo). Em seguida, Itália e Espanha deveriam ser cortejados. No momento não são as populações, mas os governos que são o problema. O governo grego deve estar aberto para um procedimento comum.

Qual papel cabe futuramente ao Leste Europeu? É por aqui que passa a linha divisória entre a Europa e o "resto", por falta de experiências compartilhadas dos últimos 50 anos? Assim, os países do Leste Europeu candidatos à entrada na União Europeia não serão excluídos no longo prazo?
Habermas: Essa é a objeção mais óbvia. Mas como podemos falar de "exclusão" se as portas para entrar estão bastante abertas também nesse sentido? Eu compreendo o estado de espírito das nações que se alegram com a soberania só recuperada há pouco, também compreendo a consequência que um amigo como Adam Michnik, por ocasião da guerra do Iraque, tira da grande experiência histórica da libertação do domínio estrangeiro soviético. Mas isso não é sinônimo de "exclusão"! Três fatos têm de ser levados em consideração aqui. Em primeiro lugar, o tempo variável da unificação da Europa sempre foi determinado por um acordo mútuo "de locomotiva" entre a França e a Alemanha. Para dar um exemplo, o processo inteiro estagnava entre Schröder e Jospin. Em segundo lugar, como mostra a zona do euro, já existe uma Europa a várias velocidades. O Reino Unido não vai aderir à união monetária num futuro próximo e por vontade própria. Por fim, a exigência de uma política externa comum é menos uma iniciativa do que

uma reação nascida da necessidade. Não há melhor expressão para isso do que a alternativa colocada por Richard Rorty: "humilhação ou solidariedade". Os países do Leste Europeu também não devem entender isso como exclusão, mas como apelo à solidariedade com o restante da Europa.

Em sua definição, qual é a importância da Inglaterra para a Europa? Apesar dos enormes protestos antiguerra, a Inglaterra não estaria mais próxima dos Estados Unidos do que da Europa em razão de suas características mentais, se compararmos uma Europa continental e deontológica a um espaço anglo-saxão e utilitarista?

Habermas: A relação entre as tradições filosóficas e as orientações de longo prazo das políticas nacionais não é tão estreita assim. A formação da União Europeia foi desde sempre um problema para o Reino Unido – e isso vai permanecer assim num futuro próximo. Mas o partidarismo pomposo de Blair a favor de um mundo unipolar é só uma posição entre várias. Como podemos ler no *"prospect"* liberal, a própria *special relationship* com a Inglaterra não é de forma alguma incontestável. Além disso, se eu estiver analisando certo, a fidelidade de nibelungo que Blair tem por Bush se baseia em falsas premissas – também vamos perceber isso na Inglaterra. Se eu puder generalizar, os ingleses têm uma outra concepção da futura União Europeia, diferente da dos alemães ou dos franceses. Essa diferença existe independentemente da doutrina Bush e da guerra do Iraque. Na minha opinião, não faz bem para a Europa puxar esse conflito para debaixo do tapete.

Até agora o senhor relacionou sua concepção de patriotismo constitucional a uma história comum, mas, como sempre, com o aviso expresso acerca da exclusividade e com a exigência de inclusão do outro. Por essa razão, a identidade europeia não deveria ter uma forma mais aberta e fortemente universalista, no sentido de um patriotismo constitucional europeu?

Habermas: A ideia de que o patriotismo constitucional deveria se esgotar na adoração a princípios abstratos é o equívoco tendencioso cometido por opositores que prefeririam que o nacional tivesse algo de concreto. Eu não consigo resistir à tentação de citar uma longa entrevista com Jean-Marc Ferry, em que, já em 1988, tratei do conceito de patriotismo constitucional (ver *Die nachholende Revolution* [A revolução restauradora], Frankfurt am Main, 1990, p.149-56): "O mesmo conteúdo universal deve ser apropriado a partir do próprio contexto histórico de vida e estar ancorado nas próprias formas culturais de vida. Cada identidade coletiva, mesmo a pós-nacional, é muito mais concreta do que o conjunto de princípios morais, jurídicos e políticos em torno do qual ela se cristaliza". No contexto de uma esfera pública e de uma cultura política que abarcam toda a Europa, os cidadãos precisam desenvolver uma autocompreensão política completamente diferente, algo como o que se expressa na religião civil norte-americana.

Perguntando de outra forma: essa determinação sem restrições da identidade de mentalidades coletivas cultivadas historicamente não corre o perigo de ser entendida como algo substancialista?

Habermas: Não, o maior perigo é que o que existe de comum entre os europeus não tenha substância suficiente.

Nesse sentido, quais são as experiências europeias concretas que devem fundar "a consciência de um destino político suportado em conjunto e que deve ser formado em conjunto"?

Habermas: Aprendemos mais com as experiências negativas. No meu artigo para o *Frankfurter Allgemeine Zeitung* de 31 de maio, lembrei de guerras religiosas, oposições de confissão e de classe, do declínio dos impérios, da perda de impérios coloniais, da força destrutiva do nacionalismo, do holocausto – e das chances que podem estar ligadas ao trabalho dessas experiências. A própria União Europeia é um exemplo de como os Estados nacionais europeus trabalharam seus passados belicosos de maneira produtiva. Se esse projeto, que acabou de entrar na fase de constituição, não falhar, a União Europeia poderia até mesmo servir de modelo para formas de "governar para além do Estado nacional".

As experiências históricas dentro da Europa já se diferenciam entre "velha e nova Europa", mas também não diferem em grande medida umas das outras em cada caso concreto?

Habermas: Isso certamente é verdade. Mas o que separa não deve se sobrepor ao que é comum, como foi feito até agora. Quem conservou um certo senso histórico não consegue imaginar uma Europa sem Praga, Budapeste e Varsóvia – muito menos uma Europa sem Palermo. Não sem razão, os historiadores descrevem o Frederico II que reinou sob a Sicília e o sul da Itália como o primeiro regente "moderno".

Como sua exigência – "as populações precisam de certa forma 'aumentar' suas identidades nacionais para expandi-las a uma dimensão europeia" – pode se concretizar?

Habermas: Se os Estados-membros também devem crescer politicamente num espaço monetário comum, nós não vamos sobreviver no longo prazo sem uma harmonização da política fiscal e mesmo sem uma votação dos diferentes regimes sociopolíticos. Como redistribuições estarão vinculadas a isso, esse é um osso duro de roer. E nós não vamos parti-lo enquanto

Jürgen Habermas

portugueses e alemães, austríacos e gregos não estiverem preparados para se reconhecer mutuamente como cidadãos da mesma coletividade política. Mesmo no plano nacional, a solidariedade entre cidadãos é relativamente frágil por ser abstrata e mediada somente pelo direito. Mas, na Alemanha, mesmo depois de quarenta anos da separação, esse solo frágil tem aguentado o fardo de massivos pagamentos por transferência de oeste a leste e que ainda continuam em curso. Na Europa, uma solidariedade ainda mais "fina" é suficiente – mas esse tipo de sentimento de pertencimento entre cidadãos ainda é necessário. Nesse sentido, talvez os enormes protestos que aconteceram simultaneamente em Londres e em Roma, em Madri e em Berlim, em Barcelona e em Paris no dia 15 de fevereiro tenham sido pioneiros.

O senhor postula a promoção europeia da política interna global na direção das relações comerciais internacionais. Onde o poder europeu de atuação do futuro deve se apoiar concretamente se não nos esforços militares, como defende o outro lado?

Habermas: Também não é possível levar totalmente esse projeto adiante sem os esforços militares. O conflito no Iraque conscientizou sobre a urgência de uma reforma das Nações Unidas, sobre a urgência de uma reforma que vem com atraso. As cúpulas do G8 estão paralisadas pelo ritual. Sobretudo penso que uma política de livre mercado também precisa de controle e de uma configuração se não quisermos que ela traga vantagens assimétricas para um dos lados e arruíne economias nacionais inteiras. Os Estados da zona do euro poderiam *reunir* suas participações no Fundo Monetário Internacional, no Banco Mundial e no Banco de Compensações Internacionais

O Ocidente dividido

para fazer valer sua influência em várias questões – começando pela ordem dos mercados financeiros globais, passando pelas controvérsias comerciais até um ajuste dos parâmetros da política fiscal. Eu não sou um *expert* nessa área, como o senhor sabe. Mas não é verdade que não existe qualquer alternativa racional para a razão neoliberal do regime econômico mundial existente ou até mesmo para o tipo de leitura em que a razão neoliberal é representada por Washington.

Quando o senhor se refere aos protestos do dia 15 de fevereiro como a hora de nascimento de uma nova esfera pública europeia, o senhor fala então de Londres e Roma, Madri e Barcelona, Berlim e Paris. Como os protestos alcançaram desde Jacarta até Washington, não se trataria antes da manifestação de uma nova esfera pública mundial?

Habermas: Acredito que os motivos e as razões para o protesto não foram os mesmos no Ocidente, por um lado, e no Oriente – islâmico –, por outro. E uma esfera pública mundial pontual – centrada em temas específicos por algum período de tempo, portanto – tem sido repetidamente formada desde a guerra do Vietnã, e é interessante notar que isso acontece principalmente pela ocasião de guerras ou massacres. A revolta espontânea diante de visíveis violações de direitos humanos é o que parece ter a maior probabilidade de fazer as pessoas concordarem, para além das fronteiras culturais. Além disso, como mostram os casos de Ruanda e do Congo, nem todas as atrocidades recebem o mesmo nível de atenção.

5
Relações entre a Alemanha
e a Polônia[1]

As relações entre a Alemanha e a Polônia parecem estar numa crise profunda. Depois de 1989, falava-se em uma comunidade de interesses entre a Alemanha e a Polônia. Há mais ou menos um ano vamos tropeçando de disputa em disputa: a postura em relação aos Estados Unidos e à guerra do Iraque, a constituição da União Europeia, mas mais uma vez uma disputa sobre a história. Como o senhor descreveria a atitude dos alemães em relação aos poloneses hoje? Quais são as razões para essa atitude?

Jürgen Habermas: É claro que eu não posso falar em nome "dos alemães". Mas no que diz respeito à guerra do Iraque, a grande maioria de nossa população, como a senhora sabe, adotou uma posição clara contra a imposição de uma guerra por parte do governo de Washington. Pelo que pude observar, essa posição foi tomada não só por razões pacifistas, mas também por razões normativas perspicazes. A ruptura que desconsiderou o direito internacional sinaliza a vontade da superpotência de

---

1 A entrevista foi conduzida por Anna Rubinowicz-Gründler, a correspondente da *Gazeta de Varsóvia* em Berlim, em dezembro de 2003, depois da cúpula da União Europeia sobre a Constituição realizada em Bruxelas. Este texto foi publicado em 17 de janeiro de 2004.

Jürgen Habermas

intervir em regiões de crise de acordo com seu próprio critério. Quem afasta o direito desta forma retira de seus próprios interesses, valores e convicções morais a pressão por justificações em um procedimento imparcial. E dá a outras grandes potências a licença para também ocasionalmente violarem a proibição de violência sem qualquer consideração. Minha geração aprendeu a acreditar na força civilizatória do direito internacional com aqueles norte-americanos que fundaram as Nações Unidas naquela época.

É certo que muitos poloneses encontram, nas experiências históricas de sua nação, boas razões para serem céticos quanto a tratados e organizações internacionais, em relação a uma constitucionalização do direito internacional que avança desde 1945. Mas o passado nem sempre é um bom conselheiro para o futuro. Sobretudo me impressiona a estranha coalizão entre um regime pós-comunista fraco, oportunista e preocupado com sua reputação e os intelectuais da antiga oposição, que antes tinham princípios tão fortes. Essa aliança foi trabalhada à mão por uma política norte-americana de divisão manifesta – e hoje, sob a aclamação dos nacionalistas, ela está preparada para deixar a constituição europeia fracassar. Nas relações cada vez mais tensas entre Alemanha e Polônia, no lado alemão, a decepção com os desenvolvimentos atuais tem um papel maior do que as lembranças históricas que separam ambos os países. No lado polonês, é compreensível que sejam as experiências históricas que avivam novamente a desconfiança em relação a uma supremacia europeia da Alemanha. O império alemão travou uma guerra de extermínio no Leste Europeu. Os grupos que fizeram parte da missão devastaram cidades e aldeias polonesas. Os nazistas criaram campos de extermínio em solo polonês. Nós recrutamos trabalhadores forçados lá, assassinamos e sequestramos poloneses.

Se pensarmos no movimento estudantil e na querela dos historiadores, os alemães discutiram sobre a história nazista com bastante frequência. Mas há uns dois ou três anos parece que o principal ponto do discurso histórico se deslocou para o sofrimento alemão no período nazista, para os bombardeios e expulsões. Como o senhor vê a mudança da consciência histórica alemã?

Habermas: Pense nos primeiros relatos de emigrantes como Hannah Arendt ou Max Horkheimer, que voltaram para suas casas nas cidades destruídas depois da Segunda Guerra Mundial. Naquela época predominava na população alemã o sentimentalismo em relação ao próprio sofrimento. As pessoas viam a si próprias no papel de vítima e, por muito tempo, esqueceram das verdadeiras vítimas. Esse clima, que Alexander e Margarete Mitscherlich remeteram à repressão, só começou a mudar no final dos anos 1950. Desde então passamos a vivenciar um movimento ondulatório: tentativas de processar o passado nazista e clamores pela restauração da "normalidade" se revezaram. Nesse meio-tempo, o signo da Shoah se transformou num *memento* de alcance mundial. A "política de memória" – o confronto das gerações mais novas com a criminalidade de massa e com a cumplicidade do passado – é hoje uma normalidade em muitos países, não apenas na Europa, mas também na África do Sul ou na Argentina e no Chile.

Na minha avaliação, a própria intensidade do confronto não diminuiu na Alemanha, seja nos meios de comunicação ou na discussão pública. Duas coisas mudaram com o aumento da distância histórica. A primeira se refere às práticas de divisão e supressão por meio das quais a esfera pública estabelecida reagia até agora – com boas razões – às opiniões da margem direita. A forma de pensamento político da população só se liberalizou de fato ao longo das décadas por meio de uma barreira erguida informalmente, mas sancionada de maneira eficaz entre, por um lado, o discurso aprovado oficialmente e, por outro, os preconceitos manifestados em privado. O mecanismo funcionou novamente no caso Hohmann. Mas depois de três gerações pós-Auschwitz, o banimento político de mentalidades políticas desastrosas também poderia se impor sem um desnível entre opinião pública e informal mantido, em certa medida, artificialmente pelo ensino público.

Mais ou menos por coincidência, esse desafio vai ao encontro com os outros fenômenos que a senhora descreveu corretamente. Depois da guerra, os alemães não puderam ficar publicamente de luto por seus próprios mortos. A morte deles estava historicamente relacionada com os atos de um regime criminoso que teve o apoio da massa da população. Nessas circunstâncias específicas, nós rompemos com a cultura dos memoriais de guerra, enraizada desde o século XIX, e, em vez disso, construímos um monumento para as vítimas alemãs assassinadas. Eu apoiei a construção do monumento, mas também estava claro pra mim que esse esforço deixaria rastros. A recuperação do luto público em torno dos mortos de guerra não é antinatural, certamente também não é algo sem seus perigos. Essa lembrança não pode se consolidar num narcisismo coletivo e se voltar contra os outros de maneira desafiadora.

Qual foi a influência do final da Guerra Fria e da reunificação alemã na mudança de consciência histórica? Agora a Alemanha se tornou soberana e autoconfiante.

O Ocidente dividido

Habermas: Nas últimas quatro décadas, as populações dos dois Estados viveram a divisão de maneira mais forte do que era esperado. A reunificação levou a recusas mentais. Entre 1992 e 1993, as casas para asilados pegaram fogo e uma direita intelectual, que não existia até então, explorou o revisionismo sob o título de "nação autoconfiante". Mas esse risco do descarrilamento nacionalista foi banido mais tarde no dia 8 de maio de 1995, quando a massa da população alemã aceitou, em retrospectiva, a capitulação do dia 8 de maio de 1945 (e contra a experiência histórica dos contemporâneos da época) como o "dia da libertação". Por sinal eu estava naquele dia em Varsóvia e me lembro de como foi difícil pra mim, como alemão, ter que abrir uma conferência na Polônia – *of all places* – nesse aniversário de 50 anos.

O sociólogo Harald Welzer fez uma pesquisa sobre o nacional-socialismo na memória familiar dos alemães. Os alemães de hoje estão de fato informados sobre as atrocidades do regime nacional-socialista. Mas a grande maioria exclui a possibilidade de que seus próprios membros familiares possam ter tido algo a ver com os crimes nazistas. Dois terços dos entrevistados admitem que seus pais ou avós sofreram muito durante a guerra. Só 1% dos entrevistados não recusa que seus familiares participaram diretamente de crimes nazistas. Quais são as consequências disso para a consciência histórica?

Habermas: Nós acusamos a geração de 1968 de ter sido muito desconfiada e obstinada na relação com os pais. Com isso eu não quero negar a tendência predominante de reescrever a própria história familiar. A cumplicidade é deslocada para outros, mas, apesar de tudo, é deslocada para outros alemães. Talvez esse deslocamento anônimo da culpa seja o preço de uma mudança de mentalidade nas gerações mais jovens.

Não é perigoso quando a responsabilidade pelo período nacional-socialista é empurrada para um pequeno grupo de nazistas? As gerações futuras não vão, no fim das contas, negar totalmente a responsabilidade do povo alemão como um todo pela história alemã?

Habermas: Eu não quero justificar qualquer distorção ou qualquer repressão. Mas o mecanismo psicológico da dissociação da própria história familiar de todos os eventos criminosos não leva necessariamente a uma interpretação da história nacional-socialista que menospreza o amplo apoio ao regime ou mesmo aos crimes da grande multidão de "ajudantes voluntários". Nesse meio-tempo, nas diferentes historiografias contemporâneas e no trabalho político de esclarecimento, a tendência predominante nos anos 1950 de responsabilizar só um grupo dirigente para desobrigar o povo foi superada. Por outro lado, ninguém pode predizer como as mentalidades políticas vão se desenvolver na Alemanha no longo prazo.

Na Polônia, há uma reação bastante preocupada à ideia de um centro contra expulsões que foi iniciado por Erika Steinbach a partir da associação dos deslocados e que foi apoiada por muitos representantes da vida política e intelectual. Os partidos políticos na Polônia rejeitam essa ideia, numa rara união. Intelectuais e personalidades da vida pública, como Leszek Kolakowaski, Marek Edelmann ou Wladyslaw Bartoszewski, também são contra a ideia. Os temores poloneses são justificados?

Habermas: Sim. O plano de criar um centro como esse em Berlim é historicamente míope, politicamente pouco inteligente e insensível, mas sobretudo mal concebido. Muitos agem como se o memorial aos judeus mortos da Europa feito por Eisenmann em Berlim justificasse a exigência de um tipo de "equiparação". Mas exatamente esse monumento documenta a quebra

O Ocidente dividido

com o olhar etnocêntrico de uma tradição fatal da memória excludente das vítimas da própria nação. Precisamos reavaliar o problema sério dos deslocamentos na dimensão europeia e atualizá-lo em toda sua complexidade. Então a Breslávia se impõe como localização mais adequada do que Berlim.

Entendo os temores dos poloneses em relação ao ressurgimento de velhas mentalidades na Alemanha. Eu compartilhei desse medo até o início da década de 1980. Mas hoje não vejo quaisquer sinais dramáticos para uma recaída.

O governo vermelho e verde pode reagir de forma imparcial, mas não se esqueceu da história. Nesse sentido, os poloneses não poderiam desejar um ministro das relações exteriores mais escrupuloso do que Joschka Fischer.

Como o senhor vê o problema do antissemitismo na Alemanha? Existe uma relação entre o antissemitismo, o antissionismo e o antiamericanismo?
Habermas: Sim, essa ligação ideológica é característica desse nacionalismo radical que contribuiu de forma decisiva para a derrubada da República de Weimar. Desde sempre, o antiamericanismo se vinculou aos movimentos mais reacionários na Alemanha e até hoje continua a servir ao que há de pior como cortina de fumaça para o antissemitismo. Mas, por outro lado, o temor a esse complexo histórico turva a discussão atual e explica por que o protesto justificado contra a guerra do Iraque e uma crítica legítima ao governo Sharon geralmente se deparam com uma falsa suspeita. Mais uma outra circunstância tem que ser acrescentada no nosso caso. Muitos cidadãos judeus só continuaram a procurar um lugar para se instalar na Alemanha porque, em última instância, eles confiaram na proteção dos Estados Unidos. É por isso que a polarização em relação à guerra

do Iraque abriu uma fissura entre alemães judeus e não judeus mesmo dentro do campo liberal. A consciência de que o antissemitismo na Alemanha significa algo de diferente do que o antissemitismo — por vezes até mais fortemente marcado — em outros países tem que se manter cada vez mais clara entre nós.

A Alemanha precisa de um debate sobre o patriotismo, precisa de uma nova definição do conceito?

Habermas: Acho que essa sugestão da senhora Merkel é, com todo respeito, uma asneira. Mas depois da morte das testemunhas históricas, o modo de tratar os aspectos monstruosos de nosso passado mais recente vai ter que se alterar.

O senhor fala em patriotismo constitucional. O que isso significa no contexto europeu?

Habermas: A consciência nacional também não caiu do céu. Ela fundou uma forma bastante abstrata de solidariedade entre estranhos. Os poloneses estão dispostos a fazer sacrifícios pelos poloneses, os alemães estão dispostos a fazer sacrifícios pelos alemães, por mais que eles nunca tenham visto estas outras pessoas em suas vidas. A solidariedade cidadã, que está para além das fronteiras locais e dinásticas, não é algo natural, mas, pelo contrário, formou-se pela primeira vez junto com os Estados nacionais. E, agora, a unificação europeia nos obriga a superar nossas tacanhices nacionais. Uma redistribuição dos fardos dentro de uma comunidade supranacional de 25 Estados não tem como funcionar sem uma ampliação da solidariedade cidadã para além das fronteiras nacionais. Como antes, uma redistribuição como essa, mesmo que seja temporária, está destinada, por exemplo, à Irlanda, à Grécia e a Portugal, que hoje são os novos países que aderiram à União Europeia.

Os chefes de Estado não conseguiram aprovar uma Constituição para a União Europeia em Bruxelas. Talvez a Europa expandida seja diversa demais e talvez o ritmo acelerado do par Alemanha-França seja contraprodutivo para a união de todo o continente?

Habermas: O governo alemão apoiou energicamente a entrada da Polônia e de outros países da Europa Central na União Europeia. Mas os antigos membros falharam diante de duas tarefas em Nice. Eles não conseguiram chegar a um acordo sobre o objetivo do processo de unificação europeia como um todo. A Europa unificada deve continuar a ser uma zona de livre mercado, apenas melhorada, ou também deve se tornar um ator com capacidade de atuação política para fora? Também não conseguiram aprofundar as instituições da comunidade no momento certo, tanto que uma formação complexa como a união ampliada não consegue mais ser governada por inteiro. A convenção para a elaboração de uma Constituição chegou muito tarde. A isso se somou a guerra do Iraque, que separou a União Europeia ao longo de uma linha de ruptura que estava latente há muito tempo. A política norte-americana só aprofundou a oposição entre os integracionistas e seus adversários. Historicamente, podemos entender bem a *special relationship* do Reino Unido com os Estados Unidos ou a necessidade da Polônia de não deixar sua recém-conquistada soberania nacional ser novamente limitada.

Mas então também temos que esperar a mesma compreensão em relação ao pano de fundo histórico do desejo que existe nos países da Europa central que fundaram a União Europeia — nós não queremos ser impedidos por outros países de continuar com a integração. O unilateralismo hegemônico dos Estados Unidos fortaleceu entre nós a ideia de que a Europa

Jürgen Habermas

precisa aprender a falar no mundo a uma só voz. Só uma "Europa a várias velocidades" diversa e sobreposta nos leva para fora desse beco sem saída.

Já em seu artigo com Jacques Derrida, o senhor defende um núcleo de vanguarda da Europa – isso não levaria antes à ruína da União Europeia?
Habermas: Neste momento, o cenário de Bruxelas nos alertou para como uma Europa ingovernável poderia desmoronar com a pressão de alicate exercida pelo Reino Unido, pela Espanha e pela Polônia. Nunca antes o Conselho da Europa deixou um projeto tão importante fracassar de maneira tão leviana. E, à sobrevivência absurda de egoísmos nacionais em Bruxelas, segue-se agora o tratamento chantagista e fiscalizador entre os países. Esse resultado fatal não foi causado por qualquer tipo de plano do núcleo europeu, mas precisamente pela tentativa enérgica de manter a Europa dos 25 no mesmo passo.

A alternativa de levar o desenvolvimento adiante com um núcleo adiantado da Europa significa uma nova divisão do continente?
Habermas: Se eu entendi corretamente, muitos poloneses estavam com muito receio de serem oprimidos ou de ficarem dependentes da Alemanha e da França. Mas com a progressiva integração de uma Europa unificada, também essas nações se tornam cada vez mais dependentes de decisões de maioria. Para tornar verossímil a ideia de que o núcleo da Europa é um projeto de passagem que deixa as portas abertas para todos os demais por interesse próprio, precisamos agora claramente separar as decisões distributivas sobre a extensão e o uso do orçamento comum de questões da política constitucional. Só quando o aborrecimento e a desconfiança desaparecerem será possível mostrar, na prática, que avançar não significa excluir. Cada membro deve

O Ocidente dividido

poder aderir a qualquer momento às formas privilegiadas de uma "cooperação mais estreita", há muito prevista nos tratados europeus e que já tomou forma na primeira união monetária parcialmente realizada. De resto, o quadro inteiro muda. Um "núcleo" massivo nem teria se formado se os diferentes parceiros tivessem chegado a um acordo sobre uma cooperação mais estreita em diferentes campos políticos – como a política externa, a segurança interna ou a harmonização fiscal.

6
*É necessária a formação de uma identidade europeia? E ela é possível?**

A unificação europeia estagnou mais uma vez depois que os governos europeus não conseguiram chegar a um acordo sobre o projeto de Constituição elaborado pela cúpula. A desconfiança recíproca entre as nações e Estados-membros parece sinalizar que os cidadãos europeus não têm qualquer sentimento de pertencimento político e que os Estados-membros estão mais longe do que nunca de seguirem um projeto comum. Quero tratar de duas questões: por um lado, se uma identidade europeia como essa é necessária (I) e se uma correspondente ampliação transnacional da solidariedade cidadã é mesmo possível (II).

I

No curso da unificação europeia, que se estende por quase meio século, problemas aparentemente insolúveis sempre entraram em cena. Apesar disso, o processo de integração tem

---

* Texto inédito, originado de palestras em Madri, Barcelona e Viena. (N. E.)

avançado cada vez mais, mesmo sem que uma solução para esses problemas possa ser reconhecida. Por essa razão, os funcionalistas sentem que seus pressupostos foram confirmados, que a formação de um espaço econômico e monetário unificado, desejada politicamente, produz pressões funcionais cuja utilização inteligente *por si mesma*, por assim dizer, teria como consequência uma rede cada vez mais densa de interdependências que também ultrapassam as fronteiras para outros âmbitos sociais. Uma conclusão parecida é tirada a partir do argumento de *path dependence* de um modo de decisão que restringe cada vez mais a margem de manobra de alternativas futuras. De acordo com esse tipo de leitura, as elites políticas veem, a contragosto, sua vontade ser impelida na direção de uma agenda de apoio à integração porque elas estão vinculadas a consequências não antecipadas da determinação de um padrão decisório aceito no passado e que se consolida cada vez mais.

Um processo autônomo de unificação, mas de todo modo um processo em curso em direção à união "cada vez mais estreita", não explica só a política de contemporização. Ele desobriga os atores que tomam essa visão para si e que empurram os problemas não resolvidos da sua frente. À luz de interpretações como essa, as elites podem se prender ao modo decisório *intergovernamental* ensaiado e não precisam se esforçar por uma integração *normativa* dos cidadãos, que tornaria possível o estabelecimento comum de objetivos para além das fronteiras nacionais. A integração ao sistema e um envolvimento das elites em decisões que resultam em *path dependence* parecem tornar uma consciência europeia comum supérflua. Na medida em que uma integração social de valores e normas deveria ser

O Ocidente dividido

de algum modo necessária, ela seria produzida por si mesma, como uma espécie de subproduto.

Quero mostrar por que a força explicativa dessas hipóteses sociológicas se esgotou (1) e como o processo de unificação está hoje estagnado no limiar da falta de uma identidade europeia (2).

(1) Os problemas que devem ser resolvidos hoje são genuinamente de natureza política e não se resolvem mais apenas por força dos imperativos funcionais de uma integração levada adiante de forma indireta sobre mercados comuns e consequências decisórias cumulativas. Três problemas se reúnem hoje: (a) os desafios atuais da ampliação para o Leste; (b) as consequências políticas da integração econômica já concluída, em especial para os países da zona do euro; e (c) a transformação da situação política mundial.

(a) A ampliação da União Europeia para o Leste, incluindo mais dez novos Estados, significa um aumento de complexidade que sobrecarrega as estruturas e os procedimentos de controle político existentes.[1] Sem as adaptações previstas no projeto de Constituição, a capacidade de governo da União Europeia não consegue nem mesmo ser assegurada no nível de uma coordenação fraca. Ao lado das controversas ponderações de voto, a inclusão de outros campos políticos nas decisões por maioria é especialmente relevante. Na medida em que o princípio da unanimidade for abandonado, o estilo de negociação intergovernamental, tal como é habitual entre partes contratuais internacionais, precisa se afastar do tipo de processo

---

1 G. Voruba, The enlargement crisis of the European Union, in: *Journal of European Social Policy*, v.13, 2003, p.35-57.

decisório deliberativo que conhecemos a partir de nossas arenas nacionais. Mas isso aumenta os custos de legitimação de forma considerável. Isso porque as minorias só se deixam vencer por maioria de votos se existir uma relação de confiança com as maiorias. E só uma consciência de filiação comum cria a base para o sentimento de que um não vai enganar o outro.

Até agora, a unificação econômica da Europa não foi um jogo de soma zero; por enquanto todos ganharam com ela. É por isso que, com poucas exceções (Noruega, Suécia), as populações europeias aceitaram uma política elitista implementada por cima de suas cabeças. Esse tipo de legitimação medida pelo *output*, ou seja, pelo resultado, não é mais suficiente para a aceitação de políticas cuja consequência é uma distribuição desigual de custos e benefícios. Então, as pessoas querem tomar parte na decisão e não só ter a possibilidade de posteriormente punir os erros. Essa situação vai acontecer com mais frequência depois da ampliação para o Leste, uma vez que intervenções políticas configuradoras serão necessárias para deter e diminuir o desnível do desenvolvimento socioeconômico entre membros novos e antigos. Com isso se agravam os conflitos distributivos sobre recursos escassos de um orçamento relativamente pequeno da União Europeia – conflitos entre contribuintes líquidos e beneficiários líquidos, centro e periferia, antigos beneficiários no Sul e novos beneficiários no leste da Europa, Estados-membros pequenos e grandes etc.

(b) No entanto, políticas configuradoras e efetivamente redistributivas não são apenas uma consequência da inclusão de países que aprofundam o desnível de desenvolvimento econômico (entre a Suécia e Portugal, por exemplo) já existente. Também na Europa dos 15 já surgiu uma necessidade

O Ocidente dividido

de coordenação que não consegue ser satisfeita pelo caminho seguido até agora em direção a uma mera "integração negativa" (Fritz Scharpf). Enquanto se tratava apenas da institucionalização de liberdades iguais de mercado, era suficiente exigir dos governos que suprimissem restrições à concorrência, ou seja, que *deixassem de fazer* alguma coisa. No entanto, os governos precisam *fazer alguma coisa* se eles forem entrar em acordo sobre os campos políticos que permaneceram na direção nacional. Uma necessidade de harmonização surge como consequência do estabelecimento de uma área econômica e monetária unitária, da qual os governos já tratam desde a cúpula da União Europeia de Lisboa, principalmente por meio de acordos informais.[2] Esses planos de ação e esses métodos de coordenação pública (*peer review, benchmarking, policy learning*) dizem respeito não só a campos da política como o mercado de trabalho e o desenvolvimento econômico, mas também a âmbitos centrais da política nacional, tais como imigração, justiça e execução penal. C. Offe fala até mesmo de uma "europeização gradual da política social". Esse processo crescente de formação de redes entre políticas nacionais, principalmente no interior da zona do euro, exige uma ampliação democrática da estreita base de legitimação. Um deslocamento da legitimação do lado dos resultados para o lado da participação na formação de programas políticos – dos quais os cidadãos de todos os Estados-membros são concernidos na mesma medida, ainda que não da mesma forma – não será possível sem a consciência de

---

2 Agradeço essa observação a uma palestra de C. Offe: "Sozialpolitik und internationale Politik. Über zwei Hindernisse auf dem Wege zum 'Zusammenhalt' Europas" (Ms – outubro de 2002).

pertencer a uma mesma comunidade política para além das fronteiras nacionais.

(c) O terceiro desafio vem de fora. Depois do final da ordem mundial bipolar, a Europa se vê compelida a redefinir seu papel global e, principalmente, sua relação com os Estados Unidos. As abordagens modestas em relação a uma política europeia de segurança e de defesa comum talvez mostrem de maneira mais clara qual é o limiar em que o processo de unificação fica hoje estagnado. Sem uma formação democrática da opinião e da vontade por toda a Europa – que de fato se realiza nas arenas nacionais, mas sob a observação recíproca dos discursos que têm lugar em outras arenas –, não vai ser possível desenvolver políticas comuns e apoiadas por todos os Estados-membros da União nesse campo simbólico e de integração efetiva.

(2) A iniciativa de criar um processo constituinte pode ser entendida como uma tentativa de reagir a esses desafios. A nova Constituição deve aprofundar a integração, fortalecer a capacidade de atuação coletiva da união e diminuir o déficit democrático amplamente contestado. Os governos poderiam inclusive usar a própria Constituição como um veículo para formar uma identidade europeia se eles se permitissem fazer mudanças – que certamente não vêm sem riscos e são em todos os casos demoradas – no estilo político adotado até agora e estimulassem a participação dos próprios cidadãos no processo constituinte por meio de referendos. De qualquer forma, isso é tão evidente num projeto como esse e impõe-se cada vez mais porque o debate sobre a nova Constituição colocou na ordem do dia a questão não resolvida e reprimida da "finalidade" do processo de unificação. A difícil questão sobre o *telos* de toda

O Ocidente dividido

essa empreitada tem dois aspectos. Por um lado, a questão da estrutura política da comunidade: qual é a Europa que queremos? E, por outro lado, a questão da identidade geográfica: por onde passam as fronteiras definitivas da União Europeia? O projeto constitucional deixa ambas as questões em aberto.

A questão de qual Europa queremos não consegue encontrar uma resposta satisfatória só na dimensão do direito constitucional porque os conceitos convencionais do direito constitucional e do direito internacional já não são mais aplicáveis. A visão de uma confederação mais leve que serviria como moldura política para o mercado e a moeda comuns já foi há muito ultrapassada pela densa rede de regulação supranacional de Bruxelas e Luxemburgo. Por outro lado, a União Europeia também está muito longe da representação de um Estado federalista de nacionalidades que conseguiria harmonizar as políticas econômica e financeira dos países-membro. O projeto constitucional de fato reconhece implicitamente os Estados nacionais como soberanos nos tratados, na medida em que lhes deixa aberta uma opção de saída. Mas os membros da cúpula redigiram uma "Constituição" "em nome das cidadãs e dos cidadãos *e* dos Estados da Europa", tanto que o artigo I, I inicia com as palavras de Salomão: "Guiada pela vontade de cidadãs e cidadãos e dos Estados da Europa de formar um futuro comum, essa Constituição estabelece a União Europeia [...]". A cúpula deu a seu projeto o título correspondente de "*Tratado* sobre uma *Constituição* para a Europa" e escapou assim de uma oposição conceitual pela qual os constitucionalistas decidiram a questão constitucional até agora, seja para um lado ou para o outro.

Do ponto de vista puramente jurídico, a questão foi decidida em prejuízo dos Estados nacionais por meio da primazia do direito europeu sobre o direito nacional, mas politicamente as coisas não são tão simples assim.

Por outro lado, é claro que a questão das fronteiras poderia ter sido regulada na Constituição. Implicitamente parece existir um acordo de que a União Europeia só pode continuar a ser ampliada para o Leste até incluir os países dos Bálcãs que faltam. Todas as ligações que alcançarem para além disso devem ser reguladas por acordos de associação. É por isso que o problema da demarcação de fronteiras se agrava no plano dos fatos com a questão da entrada da Turquia, que tem a expectativa de fazer parte da Europa moderna desde Atatürk. Essa questão pôde ser deixada em aberto com a respectiva referência aos critérios de Copenhague e com o procedimento habitual de entrada.

Assim, devemos notar que, no que diz respeito à questão da finalidade, o processo constituinte chegou a um momento em que esse problema antigo e arrastado de forma latente tem feito cada vez mais pressão e não desenvolve qualquer efeito catalisador. As questões sobre a estrutura política e sobre as fronteiras da união futura podem ter sido mencionadas na convenção, mas esse discurso de uma elite por trás de portas fechadas não teve qualquer eco para além de Bruxelas. Ele também não desencadeou controvérsias esclarecedoras sobre atitudes que estão na origem, ou seja, que tratam dos verdadeiros motivos por trás da oposição muda entre os campos dos apoiadores e dos céticos em relação à Europa. Todos sabem, mas por medo de quebrar a porcelana europeia, ninguém fala sobre isso. Os membros fundadores da União (apesar de Berlusconi) contam mais para o campo dos apoiadores enquanto o Reino Unido, os Estados escandinavos e os países do Leste Europeu que são

O Ocidente dividido

candidatos à entrada (que, como é compreensível, estão orgulhosos de sua independência nacional recém-reconquistada) querem antes manter o corte intergovernamental da União.

A disputa entre integracionistas e intergovernamentalistas é processada nos dias de trabalho das rodas de especialistas, mas ela não é trazida para a esfera pública política mais ampla como uma disputa em torno de objetivos e princípios. Nas discussões sobre a distribuição de competências entre a União Europeia e os Estados-membros, por um lado, entre o Parlamento, o Conselho de Ministros e a Comissão, por outro, especialmente dois motivos parecem ter um papel importante no plano de fundo: as representações historicamente enraizadas sobre a importância e o papel atuais do Estado nacional e as representações da ordem político-econômica, principalmente da relação entre política e mercado.

Quem ainda continua pensando por meio dos conceitos da política externa clássica vai ver os Estados nacionais como os principais atores com capacidade de atuação internacional. Dessa perspectiva, a União Europeia se coloca como uma organização internacional ao lado de todas as demais. É verdade que ela aparece como uma variável importante entre as instituições e redes do regime econômico mundial; mas não se pode e não se deve esperar que ela tenha uma *missão política* própria. Desse ponto de vista, a vontade política que se expressa nos órgãos da União Europeia é essencialmente voltada para dentro. Por outro lado, quem entende o processo da globalização econômica e a situação política mundial desde o Onze de Setembro como desafios para desenvolver formas de "governar para além do Estado nacional" vai ver a União Europeia antes no papel estratégico de um *global player*. Então é evidente querer fortalecer a capacidade de atuação coletiva da Europa como um todo.

Muitas vezes essas percepções contrárias dos acontecimentos internacionais se ligam a interpretações correspondentes da crise do Estado social. Os países da Europa ocidental foram confrontados com a tarefa de adaptar seus comprovados sistemas de segurança a desenvolvimentos demográficos e restrições econômicas distintos. Eles conduzem a necessária reconstrução do Estado social em suas próprias administrações, mas as causas para a necessidade de reforma não são exclusivamente de natureza interna. Não se trata apenas de problemas domésticos ao alcance das políticas nacionais. Por isso se coloca a pergunta de se os governos nacionais só devem se adaptar a condições gerais modificadas ou se querem ter influência na configuração da globalização econômica por meio das instituições do regime econômico mundial e, eventualmente, também na concorrência com os Estados Unidos.

É evidente que os governos com orientação mais intervencionista do que neoliberal só conseguiriam dar peso a suas representações de um "modelo de sociedade europeu" com a ajuda de uma União Europeia com capacidade de atuação internacional.

A polarização entre estes campos é ainda reforçada por uma percepção contrária sobre as restrições da atuação diplomática e militar numa situação política mundial desestabilizada. A política do atual governo norte-americano (e provavelmente também do próximo) se guia pela imagem de um mundo unipolar. Segundo essa imagem, só a hegemonia de uma superpotência consegue afastar os riscos de um fundamentalismo equipado (em algumas circunstâncias, com armas de destruição em

O Ocidente dividido

massa) e implementar tanto processos de modernização política quanto econômica por todo o mundo. Os Estados europeus estão diante da escolha de querer tomar lugar como parte de uma "coalizão dos dispostos", cenário em que são apontados como aliados de Washington, ou se preferem fortalecer a capacidade de atuação coletiva da União Europeia, almejando uma "reconstrução do Ocidente"[3] sob condições de autonomia relativa.

II

Essas convicções de fundo polarizam opositores e apoiadores de uma integração mais aprofundada através de todas as nações. Mas a distribuição desigual de opiniões entre as nações também conduz a ação governamental dos grandes Estados-membros em direções opostas. Quando, em seu famoso discurso de 1946, proferido na Universidade de Zurique, Churchill desafiou a França e a Alemanha a tomarem a iniciativa da unificação da Europa, com muita naturalidade, ele via o Reino Unido numa mesma linha com os Estados Unidos e a Rússia na qualidade de promotores benevolentes do projeto, mas não como participantes. Margaret Thatcher e Tony Blair passam acidentalmente a impressão de que essa naturalidade histórica não mudou muito nesse meio-tempo. Outros pesos históricos são abafados diante do ceticismo em relação à Europa dos outros países. Depois do fracasso provisório da Constituição e do conflito que irrompeu imediatamente sobre o aumento do orçamento do bloco, a União Europeia,

---

3 Ver a entrevista com Joschka Fischer no *Frankfurter Allgemeinen Zeitung* de 6 de março de 2004, p.9.

rasgada por conflitos internos, parece mais uma nova plataforma para o antigo jogo das potências europeias. Um diretório da União Europeia formado só pela França, pelo Reino Unido e pela Alemanha não assumiria o papel de pioneiro do núcleo europeu, mas se concentraria na tentativa de regressar, sob condições modificadas do intergovernamentalismo, para a conhecida política de equilíbrio de Estados nacionais cada vez mais ciumentos.[4]

Esse estado lamentável da União parece confirmar a *"nodemos thesis"*: a tese de que a Europa não *pode* ter uma constituição porque falta o "sujeito" constituinte. Segundo essa tese, a União não vai conseguir se desenvolver em uma coletividade política com identidade própria "porque não existe povo europeu". O argumento se apoia no pressuposto de que só uma nação ligada por uma língua, uma tradição e uma história comuns oferece a base necessária para uma coletividade política. Isso porque é só a partir da base de ideais e orientações de valores comuns que os membros seriam capazes e estariam preparados para aceitar direitos e deveres recíprocos e para confiar no cumprimento justo dessas normas por todos. Eu quero mostrar que, por mais que essa interpretação pareça estar apoiada em primeiro lugar na história europeia do Estado nacional, ela não resiste a uma verificação mais precisa (I). É verdade que a questão de se existe algo como uma identidade europeia deve ser hoje respondida de maneira negativa. Mas a questão está colocada de modo errado. Trata-se das condições que devem ser satisfeitas

---

4 Com isso, eu me volto a um receio manifestado por H. Schneider (em uma palestra sobre o núcleo da Europa, proferida em janeiro de 2004).

O *Ocidente dividido*

para que os cidadãos *possam* ampliar sua solidariedade cidadã para além de cada fronteira nacional, com o objetivo de estabelecer uma inclusão recíproca (2).

(1) Uma solidariedade entre cidadãos abstrata e intermediada pelo direito surgiu no quadro do Estado nacional europeu. Essa nova forma política de uma solidariedade entre estranhos só se formou em conjunto com uma consciência nacional também nova. A maneira com que ligações corporativas e dinásticas a governos justificados de forma religiosa se ampliaram para uma consciência política da participação ativa em uma nação constituída democraticamente é um exemplo de liquefação comunicativa de deveres e lealdades tradicionais. Isso porque a consciência nacional — na forma de um crescimento natural produzido artificialmente — é, do início ao fim, uma formação da consciência moderna. A imagem da história nacional é construída com a ajuda acadêmica de historiadores e folcloristas, de juristas, de estudiosos da linguística e da literatura, é introduzida pela escola e pela família nos processos educacionais, é difundida pelos meios de comunicação de massa e, por meio da mobilização dos que são obrigados ao serviço militar, é ancorada na disposição de gerações entusiasmadas com a guerra.

De forma geral, durou quase um século até que esse processo tivesse impregnado toda a população. Aparentemente, ligações igualitárias com os princípios fundamentais universais do Estado democraticamente constituído só foram formadas pelas costas desse particularismo étnico-nacional ampliado. No entanto, depois de duas guerras mundiais e dos excessos do nacionalismo radical, a fusão desses dois elementos — o nacionalismo e o republicanismo — operada pelo Estado nacional se afrouxou não só na Alemanha. É por isso que, no que diz respeito à questão da possível ampliação da solidariedade do Estado nacional, devemos levar em consideração as modificações na forma da solidariedade cidadã que entraram em cena nesse meio-tempo. Convicções republicanas só se soltam de suas ancoragens pré-políticas na medida em que as práticas democráticas se desdobram em uma *dinâmica própria* de auto-compreensão pública. A circunstância de que, hoje, oposições de interesse inflamadas – seja em relação à reforma da saúde ou à política de imigração, a questões da guerra do Iraque ou do serviço militar obrigatório – são antes negociadas à luz de princípios de justiça do que em termos do "destino da nação" fala a favor de uma dinâmica própria dos discursos públicos que influencia a formação identitária.

A "competição por localização" é algo distinto da disputa da nação por "espaço vital" ou por um "lugar ao sol". De qualquer forma, a solidariedade cidadã só pode ser cobrada em moedas pequenas: elevadas cargas tributárias dissolvem o dever de utilização heroica da própria vida. Não é só por Nice que não estamos mais preparados para morrer – o mesmo acontece por Berlim ou Paris. (É por isso que, mesmo sob as condições de serviço militar obrigatório generalizado, os países anglo-saxões mal conseguiam conduzir a guerra do Iraque.)

O exemplo de uma "política de memória" autocrítica (difundida para além da Alemanha nesse meio-tempo) ilustra como ligações referentes ao patriotismo constitucional se formam e se renovam no *próprio* meio *da política*. Os confrontos políticos sobre o memorial do holocausto e sobre a criminalidade de massa do regime nacional-socialista como um todo tornaram os cidadãos da Alemanha conscientes de sua constituição e passaram a entendê-la como uma conquista. Os cidadãos não

O Ocidente dividido

tomam os princípios da constituição para si em seu conteúdo abstrato, mas de forma concreta e diante do pano de fundo de sua própria história nacional. Como parte de uma cultura liberal, esses princípios têm que encontrar acesso em meio ao denso emaranhado de experiências históricas e de orientações pré-políticas em relação a valores.

No nosso contexto, é importante um deslocamento de ênfase que se dá na passagem para uma formação pós-nacional da consciência — a mudança particular da composição afetiva do Estado e da Constituição. Enquanto a *consciência nacional* se cristaliza em torno de um Estado, em cuja forma o próprio povo pode se ver como ator coletivo e capaz de atuação, a *solidariedade cidadã* cresce a partir da participação em uma comunidade política de livres e iguais, constituída democraticamente. A assertividade do coletivo para fora não está mais em primeiro plano, mas a proteção interna da própria ordem liberal. Na medida em que *identificação com o Estado* se transforma em *orientação para a Constituição*, em certa medida os princípios constitucionais universais ganham primazia sobre os contextos particulares de incorporação de cada história nacional do Estado.

Essa mudança da centralidade do Estado para a orientação à Constituição já permite revelar, de saída e dentro dos próprios limites do Estado nacional, a estrutura de uma "solidariedade entre estranhos" abstrata e intermediada pelo direito. E essa estrutura claramente vem ao encontro de uma ampliação transnacional da solidariedade do Estado nacional. Quanto mais a atenção se volta ao mesmo conteúdo universalista para além das fronteiras nacionais, menos controversos são os princípios jurídicos que há muito determinam a construção de organizações supranacionais e o sistema judicial dos tribunais internacionais. Um aspecto é especialmente interessante para mim: quanto mais um vínculo patriótico em relação à Constituição prepondera sobre a fixação em torno do Estado, maior é a afinidade com um desenvolvimento que nós observamos hoje no âmbito supranacional – com o gradual "desacoplamento da Constituição em relação ao Estado".[5]

(2) As constituições justificam uma associação de parceiros de direito, os Estados organizam capacidades de atuação. Do ponto de vista histórico, os Estados nacionais surgiram de situações revolucionárias nas quais os cidadãos lutaram por suas liberdades contra um poder estatal repressivo. Falta esse *pathos* às constituições pós-nacionais; é que elas têm origem em uma situação completamente diferente. Hoje os Estados que há muito se constituíram como Estados constitucionais se veem expostos aos riscos de uma sociedade mundial em grande medida interdependente. Eles respondem a isso com a criação de ordens supranacionais que estão para além de uma mera coordenação das atividades nacionais.[6] Coletividades e organizações internacionais dão a si mesmas a forma de constituições ou de outros instrumentos contratuais com função equivalente sem com isso já ganharem um caráter estatal. Esses processos politicamente constituídos de comunitarização se adiantam, em certa medida, à construção de capacidades supranacionais de atuação. Um desacoplamento relativo da Constituição em relação ao Estado se mostra, por exemplo, no fato de que comunidades supranacionais como a ONU ou a União Europeia

---

5 H. Brunkhorst, Verfassung ohne Staat?, p.530-43.

6 M. Zürn, Democratic governance beyond the nation state: the EU and other international institutions, p.183-221.

O Ocidente dividido

não dispõem do monopólio dos meios de uso legítimo da violência que serviu como fundos de reserva para a soberania do Estado administrativo, do Estado de direito e do Estado fiscal modernos. Apesar do aquartelamento dos meios da violência descentrado do Estado nacional, o direito europeu estabelecido em Bruxelas e em Luxemburgo, por exemplo, desfruta de primazia diante dos direitos nacionais e é implementado sem contestações pelos Estados-membros – é por isso que Dieter Grimm pode entender os tratados da União Europeia já como uma "Constituição".

No que diz respeito à questão sobre uma possível ampliação da solidariedade dos cidadãos para além das fronteiras nacionais, certamente devemos prestar atenção às diferenças características entre as Nações Unidas e a União Europeia. Para uma organização mundial em funcionamento que inclui todos os Estados e não permite mais uma demarcação social entre *"ins"* e *"outs"*, uma base estreita de legitimação é suficiente, na medida em que ela se limite às funções da política de direitos humanos e da manutenção da paz. A indignação moral unânime diante de violações evidentes da proibição de uso da violência e diante de violações massivas de direitos humanos é suficiente para a solidariedade entre cidadãos mundiais. Hoje já podemos observar as estruturas de comunicação necessárias para uma esfera pública mundial *in statu nascendi*; as disposições culturais para reações morais unânimes que perpassam o mundo inteiro também já estão se desenhando. Em outras palavras: a exigência funcional de uma integração fraca da sociedade cosmopolita por meio de reações sentimentais negativas a atos de criminalidade de massa (e processados pelo Tribunal Penal Internacional) não deveria ser um limiar intransponível.

Jürgen Habermas

Mas esse potencial não é suficiente para a necessidade de integração de uma União Europeia, que, como queremos pressupor, aprenda a falar para fora a uma só voz e que, internamente, atribua a si mesma as competências para uma política configuradora. A solidariedade entre cidadãos de uma comunidade política – e se ela ainda for tão grande e composta de forma tão heterogênea – não consegue ser formada *só* por fortes deveres negativos de uma moral universalista da justiça (no caso da ONU, uma moral a respeito dos deveres de abstenção em relação a guerras de agressão e a violações massivas de direitos humanos).

Os cidadãos que se identificam reciprocamente como participantes de uma comunidade política específica atuam muito mais de acordo com a consciência de que a "sua" comunidade se distingue das demais por uma forma de vida coletivamente privilegiada e, de todo modo, tacitamente aceita. Um *ethos* político como esse não é mais algo que cresce naturalmente. Como resultado do autoentendimento político sempre realizado ao mesmo tempo com os processos democráticos, esse *ethos* político surge de forma manifesta e é reconhecido como algo construído pelos próprios participantes.

A consciência nacional que surgiu no século XIX já era uma construção desse tipo, embora ainda não o fosse para o próprio cidadão. Assim, a questão não é saber se "existe" uma identidade europeia, mas se as arenas nacionais conseguem se abrir umas para as outras de modo que a dinâmica própria de uma formação política comum da opinião e da vontade sobre temas europeus se desdobre além das fronteiras nacionais. Uma autocompreensão política dos europeus – é claro que em uma delimitação não pejorativa dos cidadãos de outros

O Ocidente dividido

continentes — só pode se formar hoje sobre os ombros dos processos democráticos.

A estrutura da solidariedade cidadã não coloca qualquer obstáculo para sua possível ampliação além das fronteiras nacionais. Além disso, a confiança crescente não é apenas *consequência* de uma formação política comum da opinião e da vontade, mas também seu *pressuposto*. Até agora, a unificação europeia se consumou na forma de um processo circular. Mesmo hoje, o caminho para um aprofundamento democrático da União e para o cruzamento recíproco e necessário das esferas públicas nacionais só pode ser conduzido por meio de um capital de confiança *já economizado*. Nesse contexto, a importância da reconciliação entre França e Alemanha não pode ser superestimada.

A força divisora de histórias nacionais e experiências históricas separadas, as quais atravessam o solo europeu como uma fissura geológica, ainda não arrefeceu. O terremoto provocado pela política do governo Bush em relação ao Iraque, contrária ao direito internacional, também dilacerou nossos países ao longo dessas fissuras históricas. O potencial construído na memória nacional tem uma força explosiva especial porque os Estados nacionais são, ao mesmo tempo, os "senhores dos tratados europeus". Outros conflitos (como aqueles entre grandes regiões, posições de classe, comunidades religiosas, alianças partidárias e grupos de países que entraram juntos na União Europeia, entre o tamanho e o peso econômico dos países-membro) se relacionam a interesses que se cruzam e se sobrepõem em âmbito transnacional de tal maneira que eles deveriam ter antes um efeito de emaranhamento para a União Europeia.

Jürgen Habermas

III

Se ainda hoje são novamente essas oposições historicamente enraizadas que atrasam o processo de unificação europeia, o conceito de "várias velocidades" ganha uma atualidade renovada. Antes que nós nos percamos em fantasias sobre as extensas tarefas estratégicas da União Europeia no mundo, tal como aconteceu com o ministro das Relações Exteriores alemão,[7] as elites políticas deveriam repensar as fronteiras do modo de controle burocrático. Antes de tudo, elas precisam responder à pergunta sobre como e onde o objetivo controverso da unificação europeia pode de alguma forma se tornar um tema promissor de um processo de autoentendimento entre os cidadãos. Sem que a Europa possa ganhar qualquer capacidade de atuação, uma identidade política dos cidadãos só se formaria num espaço transnacional. Essa formação da consciência escapa do acesso elitista vindo de cima e não se deixa "formar" por decisões administrativas, tal como a circulação de bens e de capital no espaço econômico e monetário comum.

---

7 Ver a nota 3 deste capítulo.

III
Olhares para um mundo caótico

7
Uma entrevista sobre guerra e paz[1]

Até o senhor foi bastante crítico em sua contrariedade à guerra conduzida pelos Estados Unidos no Afeganistão e no Iraque. Mas, durante a crise no Kosovo, o senhor apoiou o mesmo unilateralismo e justificou uma forma do "humanismo militar", para utilizar a expressão de Chomsky. Como esses casos se diferenciam — Iraque e Afeganistão, por um lado, e Kosovo, do outro?

Jürgen Habermas: Eu me manifestei de forma cuidadosa sobre a intervenção no Afeganistão na entrevista para Giovanna Borradori:* depois do Onze de Setembro, o regime do talibã se recusava inequivocamente a encerrar seu apoio ao terrorismo da Al-Qaeda. Até agora, o direito internacional não tinha sido feito para situações como essas. Mas as objeções que eu tinha

---

1 Esta entrevista foi conduzida em novembro de 2003 por Eduardo Mendieta, que ensina Filosofia na New York State University de Stoney Brook. Uma conversa anterior com Mendieta no verão de 1999 foi publicada em J. Habermas, *Zeit der Übergänge*, Frankfurt am Main, 2001, p.173-96. A entrevista foi veiculada em *Blätter für Deutsche und Internationale Politik*, jan. 2004, p.27-45.

* Cf. "Fundamentalismo e terrorismo", p.25-52. (N. E.)

Jürgen Habermas

na época não eram de natureza jurídica, como era no caso da campanha do Iraque. Independentemente das manobras mentirosas do atual regime norte-americano, que foram descobertas nesse meio-tempo, a última Guerra do Golfo foi uma violação evidente do direito internacional e, desde setembro de 2002, constituiu inclusive numa violação ameaçada publicamente por Bush perante as Nações Unidas. Nenhum dos dois fatos que poderiam justificar uma intervenção como essa estavam presentes: nem uma resolução correspondente do Conselho de Segurança, nem um ataque iminente por parte do Iraque. A validade disso em nada dependia de encontrar armas de destruição em massa no Iraque. Não existe justificativa posterior para um ataque preventivo: ninguém está autorizado a declarar uma guerra por causa de uma suspeita.

Aqui o senhor pode ver as diferenças para a situação no Kosovo, quando, depois das lições tiradas da guerra da Bósnia – pense no massacre de Sebrenica! –, o Ocidente precisou decidir se assistiria a mais uma limpeza étnica de Milosevic ou – sem interesses próprios reconhecíveis – se queria intervir. É certo que o Conselho de Segurança estava bloqueado. De qualquer forma, havia duas razões legitimadoras, uma formal e outra informal, mesmo que essas razões não possam substituir a aprovação obrigatória do Conselho de Segurança prevista na Carta das Nações Unidas. Por um lado, podemos recorrer ao pedido de ajuda em caso de ameaça de genocídio que é *erga omnes* – dirigido a todos os Estados – e que é, afinal, um componente fixo do direito internacional costumeiro. Por outro, também pode ser colocada na balança a circunstância de que a Otan representa o papel de uma aliança de Estados liberais que têm de levar os princípios da declaração de direitos humanos

O Ocidente dividido

das Nações Unidas em consideração em sua estrutura interna. Compare isso com a "coalizão dos dispostos", que dividiu o Ocidente e abarcou Estados que desconsideram os direitos humanos, como o Uzbequistão e a Libéria de Taylor.

Igualmente importante é a perspectiva então defendida pelos países do continente europeu como a França, a Itália e a Alemanha, que justificaram sua participação na intervenção do Kosovo. Na espera pela aprovação posterior por parte do Conselho de Segurança, eles entenderam essa intervenção como "antecipação" de um efetivo direito cosmopolita — como um passo do caminho que vai do direito internacional clássico ao "Estado cosmopolita" apontado por Kant, em que a proteção jurídica é concedida aos cidadãos mesmo contra seu próprio governo criminoso. Naquela época (em 29 de abril de 1999, num artigo para o jornal *Die Zeit*), eu já havia identificado uma diferença característica entre europeus continentais e anglo-saxões: "Uma coisa é quando os Estados Unidos atuam no papel de garantidor da ordem hegemônica que instrumentaliza os direitos humanos, seguindo os rastros de uma tradição política admirável apesar de tudo. Outra coisa é quando nós entendemos a passagem precária da política clássica de poder em direção a um Estado cosmopolita como um processo de aprendizagem com o qual devemos lidar conjuntamente. A perspectiva de maior alcance também nos adverte a ter um cuidado maior. O autoempoderamento da Otan não pode se tornar a regra".

Em 31 de maio, o senhor e Derrida publicaram uma espécie de manifesto com o título "O 15 de fevereiro ou: o que une os europeus — um apelo para uma política externa comum — primeiro para o núcleo europeu". Derrida explica num prefácio que ele assina para um artigo escrito pelo senhor. Como aconteceu de dois grandes intelectuais, que sobre o Reno se olharam com desconfiança — e que, como pensam alguns, estabeleceram uma conversa de surdos —, de repente decidem publicar um documento tão importante como esse juntos? Isso é simplesmente "política" ou esse texto assinado conjuntamente é também um "gesto filosófico"? Uma anistia, uma trégua, uma conciliação, um presente filosófico?

Habermas: Eu não tenho ideia de como Derrida responderia a essa pergunta. Para o meu gosto, o senhor sobrevaloriza a coisa com essas formulações. Em primeiro lugar, é claro que se trata de um posicionamento político, a respeito do qual Derrida e eu — como, aliás, aconteceu muitas vezes nos últimos anos — concordamos. Depois do fim formal da guerra do Iraque, como muitos temiam que os governos "não dispostos" se colocassem aos pés de Bush, convidei Derrida — bem como Eco, Muschg, Rorty, Savater e Vattimo — por carta para participar de uma iniciativa conjunta. (Paul Ricoeur foi o único que preferiu se abster por considerações políticas, Eric Hobsbawm e Harry Mulisch não puderam participar por razões pessoais.) Mesmo Derrida não pôde escrever um artigo próprio porque naquele momento ele se submetia a desconfortáveis exames médicos. Mas Derrida queria estar junto conosco e me sugeriu o procedimento pelo qual nós seguimos. Eu fiquei feliz com isso. A última vez que havíamos nos encontrado tinha sido em Nova York, depois do Onze de Setembro. Nós já tínhamos retomado a conversa filosófica há alguns anos — em Evanston, em Paris e em Frankfurt. Então grandes gestos não foram necessários agora.

Por ocasião do prêmio Adorno, na época Derrida fez um discurso altamente sensível na Paulskirche (Igreja São Paulo) que

O Ocidente dividido

manifestava o parentesco da forma de pensamento dos dois de maneira impressionante. Algo assim não deixa as pessoas inalteradas. Para além de tudo que é político, a referência filosófica a um autor como Kant me vincula a Derrida. Apesar disso, o Heidegger tardio nos separa — nós temos mais ou menos a mesma idade, mas contextos de história de vida muito diferentes.

Derrida se apropria de seu pensamento a partir do ponto de vista de inspiração judaica de um Levinas. Acho que Heidegger é um filósofo que falhou como cidadão — em 1933 e principalmente depois de 1945. Mas ele também me é suspeito como filósofo porque, na década de 1930, ele recepcionou Nietzsche exatamente da mesma forma que os neopagãos, como estava em voga na época. Diferentemente de Derrida, que empresta à "memória" um tipo de leitura a partir do espírito da tradição monoteísta, entendo o arruinado "pensamento do ser" [*Seinsdenken*] de Heidegger como um nivelamento daquele limiar da consciência histórica que marca uma época que Jaspers denominou de era axial. A meu ver, Heidegger comete uma traição ao ponto de inflexão que é caracterizado de formas diferentes pelas palavras proféticas e desafiadoras do monte Sinai, bem como pelo esclarecimento filosófico de um Sócrates.

Se Derrida e eu entendemos reciprocamente os diferentes contextos de nossas motivações, então uma diferença na forma de leitura não significa uma diferença em relação à questão. De qualquer forma, "trégua" ou "conciliação" provavelmente não são as expressões corretas para um tratamento amigável e aberto entre nós.

Por que o senhor deu àquele ensaio o título "O 15 de fevereiro" e não, como alguns americanos poderiam sugerir, "O 11 de setembro" ou "O 9 de abril"?

O 15 de fevereiro foi uma resposta da história mundial ao Onze de Setembro — em vez das campanhas contra o talibã e Saddam Hussein?

Habermas: Isso é um exagero. A propósito, a redação do *Frankfurter Allgemeinen Zeitung* publicou o artigo sob o título "Nossa renovação — depois da guerra: o renascimento da Europa"; talvez eles quisessem diminuir a importância dos protestos de 15 de fevereiro. A referência a essa data deveria fazer lembrar dos maiores protestos que já aconteceram depois do final da Segunda Guerra em cidades como Londres, Madri e Barcelona, Roma, Berlim e Paris. Os protestos não foram uma resposta ao ataque do Onze de Setembro, que imediatamente levou os europeus a impressionantes manifestações de solidariedade.

Eles deram expressão muito mais à revolta enfurecida e inconsciente de uma massa muito diversa de cidadãos, entre os quais muitos nunca tinham ido para a rua até então. O apelo dos opositores à guerra se direcionava de forma inequívoca contra a política hipócrita e contrária ao direito internacional de seus próprios governos, bem como dos governos aliados. Entendo que esse protesto de massa é tão "antiamericano" como na época eram nossos protestos em relação ao Vietnã — com a triste diferença de que, entre 1965 e 1970, nós mesmos só precisávamos aderir aos impressionantes protestos nos Estados Unidos. É também por isso que fiquei feliz que meu amigo Richard Rorty participou espontaneamente da iniciativa dos intelectuais do dia 31 de maio com um artigo que, por sinal, foi o mais arguto, tanto política quanto intelectualmente.

Vamos ficar com o título original que conclama para uma política externa europeia comum "primeiro no núcleo da Europa". Ele evidencia que existe um centro e uma periferia — aqueles que são insubstituíveis e aqueles que não são. Para alguns, essa expressão foi um eco fantasmagórico da diferenciação de Rumsfeld entre a "velha" e a "nova" Europa. Tenho certeza de que a atribuição de um ar de família como esse deve dar dores de cabeça a Derrida e ao senhor. O senhor se posicionou energicamente em favor de uma Constituição da União Europeia em que não haja lugar para escalonamentos geográfico-espaciais como esses. O que o senhor entende por "núcleo da Europa"?

Habermas: Em primeiro lugar, "núcleo da Europa" é uma expressão técnica introduzida no início dos anos 1990 pelos especialistas em política externa da União Democrática Cristã (CDU), Schäuble e Lamers, para lembrar do papel precursor dos seis membros fundadores da comunidade europeia num momento em que o processo de unificação europeia tinha estagnado mais uma vez. Como agora, naquela época se tratava de destacar a França, os Estados do Benelux (Bélgica, Holanda e Luxemburgo), a Itália e a Alemanha como força motriz no "aprofundamento" das instituições da União Europeia. Nesse meio-tempo, a opção de uma "cooperação reforçada" de Estados-membros individuais em campos políticos individuais foi até mesmo decidida oficialmente na cúpula dos chefes de governo da União Europeia em Nice. Esse mecanismo foi agora acolhido no projeto da Constituição europeia sob o nome de "cooperação estruturada". Alemanha, França, Luxemburgo, Bélgica e, recentemente, até mesmo o Reino Unido fazem uso dessa opção para a construção conjunta de forças armadas europeias próprias. A administração norte-americana certamente exerce uma pressão considerável no Reino Unido para impedir a criação de um quartel-general europeu que seja só associado com a Otan. Assim, o "núcleo da Europa" já é uma realidade nesse contexto.

Jürgen Habermas

Por outro lado, numa Europa deliberadamente dividida e enfraquecida por Rumsfeld e companhia, o termo é claramente uma palavra de estímulo. Numa situação em que a União Europeia dificilmente ainda é governável depois da expansão para o Leste, a ideia de uma política externa e de defesa comum que parta do núcleo europeu desperta medos – principalmente nos países que se recusam a aceitar uma integração continuada por razões históricas fáceis de compreender. Alguns Estados--membros querem manter sua margem de manobra nacional. Eles estão mais interessados no modo de tomada de decisão existente e predominantemente intergovernamental do que na consolidação de instituições supranacionais com tomada de decisão por maioria em cada vez mais campos políticos. Assim, os candidatos a membros da União Europeia originários da Europa Central e do Leste Europeu estão preocupados com sua soberania nacional recém-conquistada enquanto o Reino Unido teme por sua *special relationship* com os Estados Unidos.

A política de divisão norte-americana encontrou ajudantes dispostos em Aznar e Blair. Esse descaramento se chocou com a linha de ruptura existente, latente há muito tempo, entre os integracionistas e seus opositores. O "núcleo da Europa" é uma resposta a ambas as coisas – à disputa latente no interior da Europa em torno da "finalidade" do processo de unificação que existe de forma totalmente independente da guerra do Iraque, bem como ao atual estímulo externo dessa oposição. As reações ao termo "núcleo da Europa" são cada vez mais nervosas quanto mais a pressão interna e externa convidam para essa resposta. O unilateralismo hegemônico do governo norte-americano praticamente desafia a Europa a finalmente aprender a falar a uma só voz em matéria de política externa. Mas, no que

O Ocidente dividido

diz respeito ao bloqueio ao aprofundamento da União Europeia, nós só vamos conseguir aprender isso se, pela primeira vez, começarmos no centro.

França e Alemanha já assumiram esse papel mais de uma vez no decorrer das décadas. Avançar não significa excluir. As portas estão abertas a todos. A dura crítica à nossa iniciativa feita sobretudo pelo Reino Unido e pelos países do Leste Europeu e da Europa Central também se explica claramente pela circunstância provocadora de que a iniciativa de uma política externa e de defesa comum ao núcleo europeu veio no momento propício em que a vasta maioria da população de toda a Europa se recusou a ter uma participação na aventura de Bush no Iraque. Esse elemento provocador veio a calhar à nossa iniciativa de 31 de maio. Infelizmente, uma discussão frutífera não se desenvolveu a partir daí.

É claro que sabemos que os Estados Unidos também colocaram a "nova" Europa contra a "velha" Europa por meio de sua influência na Otan. O futuro da União Europeia está mais vinculado com um enfraquecimento ou com um fortalecimento da Otan? A Otan deveria e poderia ser substituída por alguma outra coisa?

Habermas: A Otan desempenhou um bom papel durante a Guerra Fria e também depois — mesmo quando uma iniciativa própria, como no caso da intervenção no Kosovo não deva se repetir. Mas a Otan não vai ter qualquer futuro se ela for vista pelos Estados Unidos cada vez menos como uma aliança com obrigações de consulta e cada vez mais como instrumento de uma política imperialista unilateral e determinada pelos próprios interesses nacionais. A força específica da Otan poderia residir no fato de que ela não se esgotou na função de uma aliança militar potente, mas que, pelo contrário, vincula potência militar com a mais-valia de uma *dupla legitimação*: vejo uma justificação da existência da Otan apenas como uma aliança de Estados indubitavelmente liberais que possa agir apenas em declarada concordância com a política de direitos humanos das Nações Unidas.

"Americanos são de Marte, europeus são de Vênus", afirma Robert Kagan em um ensaio que ganhou muita atenção dos discípulos neoconservadores de Strauß na administração Bush. Até mesmo podemos entender esse ensaio, que originalmente deveria se chamar "Poder e fraqueza", como o manifesto posteriormente elaborado por Bush na doutrina de segurança nacional. Kagan diferencia norte-americanos e europeus na medida em que classifica uns como "hobbesianos" e outros como "kantianos". Os europeus entraram realmente no paraíso pós-moderno da paz perpétua kantiana enquanto os americanos permanecem do lado de fora, no mundo hobbesiano da política de poder, para manter a sentinela daquelas muralhas que não podem ser defendidas pelos beneficiários europeus do paraíso?

Habermas: A comparação filosófica não leva muito longe: em certa medida, o próprio Kant foi um discípulo fiel de Hobbes; de qualquer modo, ele não descreveu o direito moderno de coerção e o caráter da dominação estatal de forma menos realista que essa. Seria melhor deixarmos de lado a impressionante ligação em curto-circuito que Kagan estabelece entre essas tradições filosóficas, por um lado, e as políticas e mentalidades nacionais, por outro. Experiências históricas de longa duração se espelham em diferenças mentais entre anglo-saxões e europeus continentais que podemos identificar se tomarmos maior distância; mas eu não vejo qualquer relação com estratégias políticas que mudam no curto prazo.

O Ocidente dividido

No entanto, em sua tentativa de separar os lobos das ovelhas, Kagan se refere a alguns fatos: o período do terror dos nazistas só foi vencido pelo uso da força militar e, por fim, pela intervenção dos Estados Unidos. Durante a Guerra Fria, os europeus só conseguiram montar e desmontar seus Estados de bem-estar social sob o escudo nuclear dos Estados Unidos. Na Europa – e especialmente em seu centro populacional mais rico –, convicções pacíficas se difundiram. Nesse meio-tempo, os países da Europa – com seu orçamento militar comparativamente menor e suas forças armadas mal equipadas – só podem contrapor palavras vazias ao opressivo poder militar dos Estados Unidos. É claro que a interpretação caricatural de Kagan sobre esses fatos me incita a comentar:

- que a vitória sobre a Alemanha nazista também se deve às batalhas com grandes baixas do Exército Vermelho;
- que constituição social e peso econômico são fatores de um poder "leve" e não militar que, na relação de forças global, asseguram aos europeus uma influência que não deve ser subestimada;
- que também como consequência da *reeducation* americana, hoje na Alemanha predomina um pacifismo bem-vindo que, apesar de tudo, não impediu a república federal de participar das missões da União Europeia na Bósnia, no Kosovo, na Macedônia, no Afeganistão e, por fim, no Chifre da África;
- e que são os próprios Estados Unidos que contrariam os planos de estabelecer uma força de combate europeia que seja independente da Otan.

No entanto, com essa réplica nos dirigimos ao nível errado do debate. O que entendo por completamente errado é a estilização unilateral da política dos Estados Unidos ao longo do século passado feita por Kagan. A luta entre "realismo" e "idealismo" na política externa e de segurança não foi travada entre os continentes, mas no interior da própria política norte-americana. É certo que a estrutura de poder bipolar do mundo entre 1945 e 1989 forçou uma política de equilíbrio do terror. Durante a Guerra Fria, a concorrência entre os dois sistemas equipados com armas nucleares formou o pano de fundo para a influência extraordinária que a escola "realista" das relações internacionais pôde exercer em Washington. Mas a este respeito não devemos esquecer do impulso para a criação da Liga das Nações dado pelo presidente Wilson depois da Primeira Guerra Mundial, tampouco podemos esquecer da influência exercida por juristas e políticos americanos mesmo depois da retirada do governo norte-americano da Liga das Nações em Paris. Sem os Estados Unidos, o pacto Briand-Kellog, ou seja, o primeiro banimento do direito internacional a guerras de agressão, não teria sido possível. Mas sobretudo a política dos vencedores de 1945 introduzida por Franklin D. Roosevelt se encaixa mal na imagem militante do papel dos Estados Unidos pintada por Kagan. Em seu *Undelivered Jefferson Day Address*, de 11 de abril de 1945, Roosevelt exige *"more than the end of war we want an end to the beginning of all wars"*.*

Nesse período, o governo dos Estados Unidos se colocou na ponta do novo internacionalismo e, em San Francisco,

---

* "Mais do que o fim da guerra, nós queremos um fim para o começo de todas as guerras." (N. T.)

O Ocidente dividido

tomou a iniciativa de fundar as Nações Unidas. Os Estados Unidos foram a força motriz por trás da ONU que, não por acaso, tem sua sede em Nova York. Deram forma às primeiras convenções internacionais de direitos humanos, posicionaram-se a favor da vigilância global tanto da persecução judicial quanto militar de violações de direitos humanos, impuseram aos europeus — em primeiro lugar, contra a resistência dos franceses — a ideia de uma unificação política da Europa. Esse período de um internacionalismo sem precedentes desencadeou, nas décadas seguintes, uma onda de inovações do direito internacional que de fato estavam bloqueadas durante a Guerra Fria, mas que foram parcialmente implementadas depois de 1989. Nesse momento, de forma alguma estava decidido se a superpotência que havia restado voltaria a seu papel de liderança em direção a uma ordem jurídica cosmopolita ou se recairia no papel imperialista de um bom *hegemon* para além do direito internacional.

George Bush, o pai do presidente atual, tinha representações da ordem mundial delineadas apenas vagamente e diferentes das do filho. O procedimento unilateral do governo atual e a reputação de participantes e conselheiros influentes certamente fazem lembrar de eventos precursores, da não assinatura do acordo do clima, da Convenção sobre Armas Biológicas, da Convenção sobre Minas Terrestres, do protocolo à Convenção sobre as assim chamadas crianças-soldado etc. Mas Kagan sugere uma falsa continuidade. O afastamento definitivo do internacionalismo foi mantido pelo governo Bush recém-eleito: a recusa ao Tribunal Penal Internacional, estabelecido nesse meio-tempo, não foi mais uma pequena ofensa. Nós não podemos apresentar a marginalização ofensiva das Nações Unidas e o descaso com o direito internacional de que este governo é culpado como expressão consequente de uma constante que prevalece na política externa norte-americana. Esse governo, que falhou tão obviamente em seu objetivo declarado de perceber os interesses nacionais, pode não ser reeleito. Por que ele não deveria ser substituído já no próximo ano por um governo que repreende as mentiras de Kagan?

Nos Estados Unidos, a "guerra contra o terrorismo" se inverteu em uma "guerra contra as liberdades civis" e envenenou a infraestrutura jurídica que torna possível uma cultura democrática viva. O Patriot Act orwelliano é uma vitória de Pirro na medida em que nós somos os vencidos junto com a nossa democracia. A "guerra contra o terrorismo" atingiu a União Europeia de forma semelhante? Ou a experiência com o terrorismo dos anos 1970 tornou os europeus imunes contra uma renúncia das liberdades civis em favor do Estado de segurança nacional?

Habermas: Não acredito que seja isso. As reações no outono de 1977 foram histéricas o suficiente na Alemanha. Além disso, lidamos hoje com outro tipo de terrorismo. Eu não sei o que aconteceria se as Torres Gêmeas fossem derrubadas em Berlim ou em Frankfurt. É claro que os "pacotes de segurança" impostos entre nós não tiveram a extensão sufocante e a dimensão de violação do direito internacional como aconteceu com os regulamentos assustadores nos Estados Unidos, analisados e atacados por meu amigo Ronald Dworkin de forma inequívoca. Se, nesse sentido, deve haver diferenças de mentalidade e de práxis entre este e o outro lado do Atlântico, eu procuraria por elas antes no pano de fundo histórico das experiências. Talvez o choque bastante compreensível depois do Onze de Setembro tenha sido de fato maior nos Estados Unidos do

O Ocidente dividido

que ele seria em um país europeu acostumado com a guerra – mas como podemos provar isso?

As ondas patrióticas que se seguiram ao choque tinham, com certeza, um caráter americano. Mas eu procuraria em outro lugar a chave para as restrições aos direitos fundamentais que o senhor menciona – para a violação da Convenção de Genebra em Guantánamo, para a criação do Departamento de Segurança Nacional. A militarização da vida para dentro e para fora, a política belicosa que se deixa contagiar pelos métodos dos opositores e que agora traz o Estado hobbesiano de volta à cena mundial, em que a globalização dos mercados parecia forçar o elemento político completamente para a margem – tudo isso não teria sido aprovado com esmagadora maioria pela população norte-americana, esclarecida politicamente, se o governo não tivesse se aproveitado do choque do Onze de Setembro com pressão, propaganda descarada e insegurança deliberada. Para um observador europeu e para um gato escaldado como eu, a intimidação e a doutrinação sistemáticas da população e a restrição do espectro de opiniões admitidas nos meses de outubro e novembro de 2002, período em que eu estava em Chicago, foram irritantes. Aquela não era mais a "minha" América. Meu pensamento político vive precisamente dos ideais norte-americanos do final do século XVIII desde que eu tinha dezesseis anos, graças a uma *reeducation-policy* racional por parte da ocupação.

Em sua conferência na plenária do Congresso Mundial de Filosofia desse ano em Istambul, o senhor disse que, sob as condições da constelação pós-nacional, a segurança internacional está ameaçada de uma nova forma e por três lados: pelo terrorismo internacional, por parte dos Estados criminosos e por parte de novas guerras civis que surgem nos Estados em declínio. Meu interesse é sobretudo no seguinte: o terrorismo é algo que poderia declarar guerra contra os Estados democráticos?

Habermas: Seja democrático ou não, normalmente um Estado só pode declarar "guerra" contra outros Estados, se quisermos manter um sentido preciso para essa palavra. Quando, por exemplo, um governo se volta contra poderes militares rebeldes, esse instrumento de fato nos faz lembrar da guerra, mas essa violência desempenha uma outra função aqui – ainda assim o Estado zela pela paz e pela ordem no interior das fronteiras territoriais quando os órgãos da polícia não são mais suficientes para isso. É só quando essa tentativa de pacificação violenta falha, e o próprio governo desce ao nível de uma entre as várias partes na luta, que podemos falar de "guerra civil". Essa analogia linguística com a guerra entre Estados só é correta num sentido específico – com a queda do poder estatal, também se forma uma simetria de oposição entre as partes da guerra civil, que é o caso normal entre Estados em guerra. Não obstante, falta aqui o verdadeiro sujeito da ação de guerra: o poder coercitivo de organização de um Estado. Peço perdão por esse pedantismo conceitual.

Mas estamos tratando de um fenômeno *novo* quando falamos do terrorismo internacional, que opera pelo mundo todo e de forma dispersa, amplamente descentralizada e apenas em redes frouxas. É um fenômeno que não devemos assimilar precipitadamente como algo conhecido.

Sharon e Putin podem se sentir encorajados por Bush porque ele joga tudo na mesma panela. Como se a Al-Qaeda não fosse algo diferente do que a guerrilha vinculada ao território de movimentos de independência ou de resistência (como na

O Ocidente dividido

Irlanda do Norte, na Palestina, na Chechênia etc.). A Al-Qaeda também é algo diferente das guerras terroristas de bandos e tribos lideradas por senhores da guerra corruptos nas ruínas de uma descolonização fracassada, é também algo diferente da criminalidade de governo dos Estados que declaram guerras contra sua própria população com limpezas étnicas ou genocídios, ou que apoiam o terrorismo no mundo inteiro, como é o caso do regime talibã, por exemplo. Com a guerra do Iraque, o governo norte-americano fez a tentativa não apenas ilegal, mas também inapta, de substituir a assimetria entre um Estado altamente equipado em termos de tecnologia e uma rede terrorista intangível, que até agora trabalhou com facas e explosivos, por uma guerra assimétrica entre Estados. Guerras entre Estados são assimétricas quando a vitória do agressor – que não almeja uma derrota convencional, mas a destruição de um governo – já está determinada *a priori* em razão da manifesta correlação de forças. Pense na marcha das tropas até as fronteiras do Iraque, que levou meses. Não precisa ser um especialista em terrorismo para reconhecer que, por esse caminho, a infraestrutura de uma rede não se deixa destruir, a logística da Al-Qaeda e de suas bases não se deixa atingir, o meio em que vive um grupo como esse não se deixa afetar.

Com base no direito internacional clássico, os juristas defendem a concepção de que o jus ad bellum [direito à guerra] *traz consigo uma restrição inerente do* jus in bello [direito da guerra justa]. *As determinações detalhadas da Convenção de Haia já têm como objetivo restringir a violência exercida durante a guerra contra a população civil, contra soldados presos, contra o meio ambiente e contra a infraestrutura da sociedade atingida. As regras da guerra também devem permitir um final pacífico aceitável por todas as partes. Mas a desproporção monstruosa na correlação de forças tecnológicas e militares entre os Estados Unidos e seus respectivos adversários — no Afeganistão ou no Iraque — tornam praticamente impossível se ater ao jus in bello. Os Estados Unidos não deveriam ser acusados e processados pelos crimes de guerra cometidos abertamente no Iraque e deliberadamente ignorados apenas por nós na América?*

Habermas: Ora, precisamente a esse respeito, o Ministério da Defesa norte-americano estava entusiasticamente orgulhoso do uso das armas de precisão que teriam permitido manter as perdas do lado da população civil num nível comparativamente baixo. É claro que quando leio um relato sobre os iraquianos mortos na guerra na edição vespertina do *New York Times* de 10 de abril de 2003 e fico sabendo das regras por meio das quais Rumsfeld aceita *"casualties"* [vítimas] na população civil, essa suposta precisão deixa de oferecer qualquer conforto: *"Air war commanders were required to obtain the approval of Defense Secretary Donald L. Rumsfeld if any planned airstrike was thought likely to result in deaths of more than 30 civilians. More than 50 such strikes were proposed and all of them were approved"*.* Eu não sei o que o Tribunal Penal Internacional de Haia teria a dizer sobre isso. Mas levando em conta a circunstância de que esse tribunal não é reconhecido pelos Estados Unidos e que o Conselho de Segurança também não pode chegar a uma decisão contra um membro com direito a veto, provavelmente toda a questão precisaria ser colocada de outra forma.

---

* "Foi exigido que os comandantes das forças aéreas obtivessem a autorização do secretário de Defesa Donald L. Rumsfeld se qualquer ataque aéreo planejado tivesse a probabilidade de resultar na morte de mais de 30 civis. Mais de 50 ataques como esses foram propostos e todos eles foram aprovados." (N. T.)

O Ocidente dividido

Nesse meio-tempo, estimativas cuidadosas partem do total de 20 mil iraquianos mortos. Esse número monstruoso, se comparado com as perdas americanas, joga um feixe de luz sobre a obscenidade moral que sentimos diante de imagens televisivas tão cuidadosamente controladas, quando não até mesmo manipuladas, dos acontecimentos assimétricos da guerra. *Essa assimetria de forças ganharia outro significado* se com isso não se espelhassem a supremacia e a impotência de opositores de *guerra*, mas a força *policial* de uma organização mundial.

A manutenção da paz e a segurança internacional, bem como a implementação da proteção individual aos direitos humanos ao redor do mundo, são hoje confiadas às Nações Unidas, de acordo com sua Carta. Vamos assumir, de maneira contrafática, que a organização mundial estivesse à altura dessas tarefas. Então, ela só conseguiria desempenhar suas funções de forma não seletiva sob a condição de dispor de sanções *de superioridade intimidadora* contra atores e Estados que violassem as regras. Assim, a assimetria de forças ganharia um outro caráter.

A transformação infinitamente custosa e ainda improvável de guerras criminosas obstinadas e seletivas em ações policiais autorizadas pelo direito internacional não exige apenas um tribunal imparcial que decida sobre fatos criminosos suficientemente especificados. Nós também precisamos da formação contínua do *jus in bello* em direção a um direito de intervenção, que seria muito mais parecido com os direitos de polícia internos aos Estados do que com a Convenção de Haia, que ainda está adaptada às *ações de guerra* e não às formas civis de prevenção a crimes e da execução penal. Como a vida de inocentes também está sempre em jogo em intervenções humanitárias, a violência necessária precisaria ser tão estritamente regulada

143

para que as ações ostensivas da polícia mundial pudessem perder seu caráter de pretexto e fossem aceitas como tais ao redor do mundo. Um bom teste são os sentimentos morais dos observadores globais — não é como se o luto e a compaixão pudessem simplesmente desaparecer, mas cabe antes olhar para aquela indignação espontânea diante de algo obsceno, um sentimento que muitos de nós tivemos ao olhar por semanas para o céu de Bagdá iluminado por ataques de mísseis.

John Rawls vê uma possibilidade para que democracias entrem em "guerras justas" contra Estados criminosos — unlawful states. *Mas o senhor vai ainda mais longe com seu argumento de que mesmo Estados indubitavelmente democráticos não podem se achar no direito de decidir, segundo seu próprio critério, sobre entrar em guerra contra um Estado supostamente despótico, criminoso ou que coloca a paz em perigo. Em sua palestra em Istambul, o senhor disse que juízos imparciais nunca podem ser admitidos por apenas um dos lados. Só por essa razão cognitiva já faltaria legitimidade ao unilateralismo de um* hegemon, *por mais bem-intencionado que ele seja: "Essa falta não pode ser compensada por uma Constituição democrática no interior do bom* hegemon". *O* jus ad bellum, *que forma o núcleo do direito internacional clássico, também se tornou obsoleto para o caso de uma guerra justa?*

Habermas: Law of Peoples, o último livro de Rawls, foi criticado com razão porque ali ele afrouxa os rigorosos princípios de justiça que os Estados democráticos constitucionais têm que cumprir em favor das relações com Estados autoritários ou semiautoritários e coloca a proteção a esses princípios reduzidos nas mãos de cada Estado democrático. Nesse contexto, Rawls cita e concorda com a teoria da guerra justa de Michael Walzer. Ambos tomam a "*justice among nations*" como desejável

O Ocidente dividido

e possível, mas eles querem deixar a implementação da justiça internacional no caso concreto ao juízo e à decisão dos Estados soberanos. Como Kant, Rawls parece pensar mais numa vanguarda liberal da comunidade de Estados. Walzer parece pensar em cada nação participante, independentemente de sua Constituição interna. Diferentemente de Rawls, a desconfiança de Walzer em relação a processos e organizações supranacionais é motivada por considerações comunitaristas. Contanto que não leve ao genocídio e a crimes contra a humanidade, a proteção à integridade da forma de vida e ao *ethos* vivido de uma comunidade organizada de forma estatal deve ter primazia perante a implementação global de princípios de justiça abstratos. A reflexão relacionada a sua pergunta pode ser ligeiramente mais bem explicada a partir da concepção de Walzer do que a partir da defesa do direito das gentes [*Völkerrecht*] de Rawls, feita com indiferença.

Desde o pacto Briand-Kellog de 1928, as guerras de agressão foram banidas do direito internacional. O uso da força militar passou a ser permitido apenas para autodefesa. Assim, o *jus ad bellum* foi abolido do entendimento do direito internacional clássico. Como as instituições da Liga das Nações criadas depois da Primeira Guerra Mundial se mostraram fracas demais, depois da Segunda Guerra Mundial, as Nações Unidas foram munidas com a autoridade para realizar operações e editar medidas vinculantes para manutenção da paz e foram adaptadas à cooperação com as superpotências da época, sob o preço de admitir os direitos de veto.

A Carta da ONU estabelece a primazia do direito internacional perante os sistemas jurídicos nacionais. O acoplamento da Carta com a Declaração de Direitos Humanos e a ampla autoridade garantida ao Conselho de Segurança pelo Capítulo VII desencadearam uma onda de inovações jurídicas que, por mais que tenham permanecido uma inutilizada *fleet in being* até 1989, foram compreendidas corretamente como uma "constitucionalização do direito internacional". A organização mundial, com 193 Estados-membros nesse meio-tempo, tem uma verdadeira Constituição que estipula procedimentos por meio dos quais violações a regras internacionais podem ser constatadas e punidas. Desde então não existem mais guerras justas ou injustas, mas só guerras legais ou ilegais, ou seja, guerras legítimas ou ilegítimas do ponto de vista do *direito das gentes*.

É preciso relembrar esse enorme impulso da evolução jurídica para reconhecer a ruptura radical provocada pelo governo Bush – tanto com uma doutrina de segurança nacional que deliberadamente ignora as condições juridicamente válidas para a utilização da força militar, como também com o ultimato dado ao Conselho de Segurança: ou aprovar a política agressiva dos Estados Unidos em relação ao Iraque ou afundar em sua própria insignificância. No plano retórico da legitimação, de forma alguma se tratou da substituição "realista" de ideias "idealistas". Na medida em que Bush queria afastar um sistema injusto e democratizar a região do Oriente Médio, os objetivos normativos não eram contrários ao programa das Nações Unidas. A questão de se a justiça entre nações é de todo possível não era controversa, mas sim por quais caminhos. Com expressões morais, o governo Bush engavetou o projeto kantiano de *juridificação* das relações internacionais que tem mais de 220 anos.

O comportamento do governo norte-americano só nos permite concluir que, em sua visão, o direito das gentes está acabado como *meio* de resolução de conflitos interestatais e de

O Ocidente dividido

implementação da democracia e dos direitos humanos. Agora a superpotência faz desses objetivos o conteúdo declarado publicamente de uma política que não se refere mais ao direito, mas a valores éticos próprios e a convicções morais próprias: ela coloca as próprias justificações normativas no lugar de procedimentos prescritos pelo direito.

Mas um não consegue substituir o outro. A renúncia a argumentos jurídicos sempre significa uma desconsideração de normas gerais reconhecidas anteriormente. Do ponto de vista limitado da própria cultura política e da própria compreensão do mundo e de si mesmo, mesmo o *hegemon* mais bem-intencionado não pode ter certeza de que ele entende e leva os interesses e a situação dos demais participantes em consideração. Isso vale tanto para os cidadãos de uma superpotência democraticamente constituída quanto para sua liderança política. Sem procedimentos jurídicos que incluam todas as partes concernidas e que levem à tomada recíproca de perspectivas, não há qualquer coação para que a parte preponderante abandone a perspectiva central de um grande império, ou seja, para que admita um descentramento de sua própria perspectiva de interpretação tal como exige o ponto de vista cognitivo da consideração de todos os interesses na mesma medida.

Também um poder altamente moderno como os Estados Unidos recai no falso universalismo dos antigos impérios quando substitui o direito positivo pela moral e pela ética em questões de justiça internacional. Na perspectiva de Bush, os "nossos" valores valem como valores universais que todas as outras nações deveriam aceitar como seus e como os melhores existentes. O falso universalismo é uma ampliação do etnocentrismo de forma geral. E a teoria da guerra justa, derivada das tradições teológica e do direito natural, não tem nada a contrapor a esse falso universalismo, mesmo que hoje ela apareça com uma cara comunitarista. Eu não estou dizendo que as justificativas oficiais dadas pelo governo norte-americano para a guerra do Iraque ou mesmo que as convicções religiosas do presidente americano manifestadas oficialmente sobre "os bons" e "o mal" cumprem os critérios desenvolvidos por Walzer para caracterizar uma "guerra justa". O Walzer jornalista não deixou que ninguém duvidasse a esse respeito. Mas o Walzer filósofo obtém seus critérios, por mais racionais que eles sejam, apenas de princípios morais e de considerações éticas, e não no âmbito de uma teoria do direito que entrelaça o julgamento sobre guerra e paz a procedimentos inclusivos e imparciais da produção e da aplicação de normas vinculantes.

No nosso contexto, só uma consequência dessas abordagens me interessa: a de que os critérios de julgamento de guerras justificadas não são traduzidos para o meio jurídico. Mas é só assim que a sempre disputada "justiça" material se deixa trasladar para a legalidade verificável das guerras. Mesmo que possam ser encontrados no direito costumeiro internacional, os critérios de Walzer para guerras justas são essencialmente de natureza ético-política. Sua aplicação no caso concreto escapa da verificação por parte de tribunais internacionais, e está muito mais reservada à prudência e ao senso de justiça dos Estados nacionais.

Mas por que o julgamento imparcial dos conflitos deve ser assegurado pelo meio do direito apenas no interior de um Estado, por que ele não deve também ter validade jurídica em disputas internacionais? É algo trivial: no nível supranacional, quem deve verificar se os "nossos" valores de fato merecem reconhecimento universal ou se nós de fato aplicamos princípios reconhecidos universalmente de forma imparcial – se, por exemplo, nós de fato não percebemos uma situação controversa de forma não seletiva em vez de levarmos em consideração apenas o que é relevante para nós? Esse é todo o sentido de procedimentos jurídicos inclusivos que vinculam decisões supranacionais à condição da tomada recíproca de perspectiva e da consideração recíproca dos interesses.

Mas, para honrar o projeto kantiano, o senhor não acaba se tornando o representante de um "humanismo militar"?

Habermas: Eu não conheço o contexto preciso dessa expressão, mas presumo que ela faça alusão ao perigo da moralização de antagonismos. Precisamente no plano internacional, uma demonização do opositor – basta pensar no "eixo do mal" – não contribui para a resolução do conflito. Hoje o fundamentalismo cresce por todos os lados e torna os conflitos insolúveis – no Iraque, em Israel e em qualquer outro lugar. Além disso, também Carl Schmitt defendeu por toda sua vida um "conceito não discriminatório de guerra" com esse argumento. Segundo seu argumento, na medida em que via a guerra como meio legítimo de resolução de conflitos entre Estados sem maiores necessidades de justificação, o clássico direito das gentes preenchia simultaneamente uma condição importante para a civilização dos confrontos de guerra. A criminalização das guerras de agressão inserida pelo Tratado de Versalhes, em contrapartida, fez que a própria guerra se tornasse crime e desencadeou uma dinâmica da "dissolução de fronteiras" porque o adversário julgado moralmente se transforma em um inimigo abominável que deve ser exterminado. Quando o respeito recíproco como adversário digno – como *justus hostis* – não é mais possível ao longo dessa moralização, as guerras delimitadas degeneram para guerras totais.

Mesmo que a guerra total se volte mais a uma mobilização nacionalista de massa e ao desenvolvimento de armas nucleares, químicas ou biológicas, o argumento não está errado. Mas, no entanto, ele apoia a minha tese de que a "justiça entre as nações" não pode ser alcançada pelo caminho de uma moralização, mas só pela juridificação das relações internacionais. A discórdia só provoca o julgamento discriminatório quando uma parte se sente no direito de fazer um julgamento sobre o suposto crime de uma outra parte *segundo seus próprios critérios morais*. Não devemos confundir um julgamento subjetivo como esse com a condenação jurídica de um governo comprovadamente criminoso e de seus serventes perante os foros de uma comunidade constituída por Estados porque esta última também estende sua proteção jurídica à parte acusada, para a qual vale a presunção de inocência até que se prove o contrário.

A diferenciação entre moralização e juridificação das relações internacionais certamente não deixaria Carl Schmitt satisfeito, já que, para ele e para seus camaradas fascistas, a luta existencial de vida e morte tinha uma estranha aura vitalista. É por isso que Schmitt entende que a substância do político, a autoafirmação da identidade de um povo ou de um movimento não se deixam domesticar normativamente e que cada tentativa de domesticação jurídica precisa se tornar moralmente selvagem. Mesmo se o pacifismo legal pudesse ter sucesso, ele roubaria de nós esse meio essencial para a renovação de uma existência autêntica. Esse conceito absurdo do político não deve mais nos ocupar agora.

O Ocidente dividido

Devemos nos ocupar com a suposta premissa "realista" defendida por hobbesianos de esquerda e de direita: de que o direito, mesmo na figura moderna do Estado constitucional democrático, sempre é só reflexo e máscara do poder econômico ou político. Sob esse pressuposto, o pacifismo legal que quer expandir o direito para o estado de natureza entre os Estados aparece como simples ilusão. Mas, na verdade, o projeto kantiano de uma constitucionalização do direito internacional vive de um idealismo sem ilusão. A forma do direito moderna tem, enquanto tal, um inequívoco núcleo moral que se faz notar no *long run* como um *"gentle civilizer"* (Koskenniemi) – como uma força civilizatória suave – sempre onde o direito for utilizado como um poder formador da Constituição.

De todo modo, o universalismo igualitário, intrínseco ao direito e a seus procedimentos, deixou rastros empiricamente detectáveis na realidade política e social do Ocidente. A ideia de igualdade de tratamento, investida tanto no direito dos povos quanto dos Estados, só pode assumir funções ideológicas sob o preço de, ao mesmo tempo, entrar em jogo como medida para a crítica à ideologia. É por essa razão que movimentos de oposição e pela emancipação usam hoje o vocabulário dos direitos humanos em todo o mundo. Assim que a retórica dos direitos humanos passa a servir à opressão e à exclusão, ela se deixa usar contra esse abuso, na medida em que a promessa literal pode ser cobrada.

Justamente por ser um defensor incorrigível do projeto kantiano, o senhor deve ficar profundamente decepcionado com as intrigas maquiavélicas que, com bastante frequência, dominam a práxis das Nações Unidas. O senhor mesmo apontou para uma "seletividade monstruosa" por meio da qual o Conselho de Segurança percebe e trata os casos em que ele tem de tomar iniciativa. O senhor fala de uma "primazia descarada de que ainda usufruem os interesses nacionais em comparação com as obrigações globais". Como as instituições das Nações Unidas deveriam ser modificadas e reformadas para que elas deixem de ser um escudo para perseguir interesses e objetivos pró-Ocidente de forma unilateral e possam verdadeiramente se tornar um instrumento para garantir a paz?

Habermas: Esse é um tema amplo. Reformas institucionais não são suficientes. Uma composição do Conselho de Segurança de acordo com as relações modificadas de poder, que é discutida hoje, bem como a limitação ao direito de veto das superpotências certamente são necessárias, mas não avançam o suficiente. Deixe-me escolher alguns pontos de vista a partir desse complexo obscuro.

A organização mundial está, com razão, orientada à completa inclusão. Está aberta a todos os Estados comprometidos com a *letra* da Carta e das declarações vinculantes de direito internacional das Nações Unidas – e essa abertura é completamente independente do quanto suas práticas internas *de fato* correspondem a esses princípios. Medindo a partir das próprias bases normativas, existe – apesar da igualdade formal de tratamento dos membros – um desnível de legitimação entre Estados-membros liberais, semiautoritários e por vezes até mesmo despóticos. Isso se faz notar, por exemplo, quando um Estado como a Líbia assume a presidência da Comissão de Direitos Humanos. John Rawls tem o mérito de ter apontado para o problema fundamental da legitimação escalonada. A vantagem de legitimação dos países democráticos, nos quais Kant já tinha depositado suas esperanças, mal pode ser formalizada. Mas podem se formar hábitos e práticas que a levem em consideração. A necessidade de reforma do direito de veto dos

O Ocidente dividido

membros permanentes do Conselho de Segurança também fica clara desse ponto de vista.

O problema mais urgente é claramente a limitada capacidade de atuação de uma organização mundial que não detém o monopólio da violência e que depende do apoio *ad-hoc* de membros potentes, especialmente nos casos de intervenção e de *nation-building*. O problema não está na falta do monopólio da violência – observamos a diferenciação entre Constituição e Poder Executivo estatal também em outros lugares, como na União Europeia, em que o direito supranacional rompe com o direito nacional mesmo que os Estados nacionais continuem a dispor sobre os meios militares do uso legítimo da violência. Independentemente de seu déficit financeiro, as Nações Unidas sofrem principalmente por sua dependência em relação a governos que, por sua vez, não perseguem apenas interesses nacionais, mas que dependem da aprovação de suas esferas públicas nacionais. Até que a autopercepção dos Estados-membros, que desde sempre entendem a si mesmos como atores soberanos, mude no plano sociocognitivo, precisamos pensar como um desacoplamento relativo dos âmbitos decisórios pode ser alcançado. Os Estados-membros poderiam, por exemplo, manter determinados contingentes fundamentalmente à disposição das finalidades da ONU sem com isso limitar seus direitos disponíveis sobre suas próprias forças armadas.

No entanto, o objetivo ambicioso de realizar uma política interna mundial sem um governo mundial só pode ser almejado de forma realista se a organização mundial se limitar a suas duas funções mais importantes – a manutenção da paz e a implementação global dos direitos humanos – e deixar a coordenação política nas áreas da economia, do meio ambiente,

Jürgen Habermas

do transporte, da saúde etc. para um plano intermediário entre instituições e sistemas de negociação. Mas esse plano em que *global players* com capacidade de atuação política poderiam negociar acordos entre si é ocupado por enquanto por apenas algumas instituições, como a Organização Mundial do Comércio. Mesmo uma reforma tão bem-sucedida das Nações Unidas não teria qualquer efeito se os Estados nacionais não se associassem em regimes continentais de acordo com o padrão da União Europeia nas diferentes partes do mundo. Existem algumas abordagens modestas a este respeito. É aqui – e não na reforma da ONU – que está o elemento propriamente utópico de um estado cosmopolita.

Com base da divisão do trabalho no interior de um sistema global com vários níveis como esse, talvez até mesmo a necessidade de legitimação de uma ONU com capacidade de atuação poderia ser satisfeita de uma forma parcialmente democrática. Até agora, uma esfera pública política mundial só se formou de maneira pontual em grandes eventos históricos como o Onze de Setembro. Graças aos meios eletrônicos e em razão dos impressionantes sucessos de organizações não governamentais com atuação mundial, como a Anistia Internacional ou a Human Rights Watch, um dia essa esfera pública poderia adquirir uma infraestrutura mais sólida e ganhar maior continuidade. Sob essas circunstâncias, não seria mais absurda a ideia de criar um "parlamento dos cidadãos mundiais" (David Held) ao lado da "segunda câmara" da Assembleia Geral, ou ao menos a ideia de ampliar a câmara dos estados para que ela passe a ter uma representação dos cidadãos.

Com isso, uma evolução do direito internacional há muito tempo em curso encontraria sua expressão simbólica e um

O Ocidente dividido

desfecho institucional. Isso porque, nesse meio-tempo, não são só os Estados, mas os próprios cidadãos se tornaram sujeitos do direito internacional: como cidadãos mundiais, eles também podem exercer direitos contra seu próprio governo, se isso for necessário.

É certo que pensar na abstração de um parlamento cosmopolita provoca uma leve tontura. Mas, levando em conta as funções limitadas das Nações Unidas, é necessário considerar que os deputados desse parlamento representariam populações que não precisam estar ligadas umas às outras por densas tradições, como no caso dos cidadãos de uma coletividade política. Em vez da solidariedade cidadã, um acordo negativo já é suficiente, isto é, a indignação comum diante de incitações agressivas à guerra e a violações de direitos humanos cometidas por bandos ou governos, ou o horror comum diante de limpezas étnicas e genocídios.

No entanto, as resistências e os retrocessos que devem ser superados no caminho em direção a uma completa constitucionalização são tão grandes que o projeto só pode funcionar se, como em 1945, os Estados Unidos ocuparem o lugar de locomotiva à frente do movimento. Isso não é tão improvável como parece neste momento. Por um lado, é um acaso da história mundial que a única superpotência seja ao mesmo tempo a mais antiga democracia da Terra e que, por isso, diferentemente do que Kagan tenta nos convencer, tem afinidades com a ideia kantiana de juridificação das relações internacionais de saída, por assim dizer. Por outro, é do próprio interesse dos Estados Unidos da América fazer da ONU um órgão com capacidade de atuação antes que uma outra grande potência menos democrática ascenda à superpotência. Impérios vêm e vão. Finalmente, agora há pouco a União Europeia entrou em acordo a respeito dos princípios de uma política de segurança e de defesa que opõe um *"preventive engagement"* à *"pre-emptive strike"* contrária ao direito internacional; com isso, a União Europeia também poderia ganhar uma influência formadora de opinião na esfera pública política do nosso aliado americano.

O desprezo do governo americano pelo direito internacional e pelos tratados internacionais, o uso brutal da força militar, uma política de mentira e chantagem trouxeram à tona o antiamericanismo, que não é injustificado na medida em que se volta contra o nosso governo atual. Como a Europa deve lidar com esse clima generalizado para impedir que o antiamericanismo em todo o mundo se transforme no ódio contra o Ocidente como um todo?

Habermas: Na Europa, o próprio antiamericanismo é um perigo. Na Alemanha, ele sempre se vinculou com os movimentos mais reacionários. É por isso que é importante para nós, como nos tempos da guerra do Vietnã, conseguir fazer um *front* lado a lado com a oposição de dentro dos Estados Unidos contra a política do governo norte-americano. Se nós conseguirmos nos relacionar com um movimento de protesto nos próprios Estados Unidos, a censura contraprodutiva do antiamericanismo que encontramos aqui cai no vazio. Outra coisa é o sentimento antimodernista contra o mundo ocidental como um todo. A autocrítica tem que ser apresentada nesse sentido – digamos, uma defesa autocrítica das conquistas da modernidade ocidental que ao mesmo tempo sinalize abertura e disposição para o aprendizado e que sobretudo dissolva a equiparação idiota entre, por um lado, ordem democrática e sociedade liberal e, por outro, capitalismo selvagem. Por um lado, precisamos traçar uma fronteira inequívoca em relação ao fundamentalismo – também ao fundamentalismo cristão e judaico – e, por outro lado, reconhecer que o fundamentalismo é o filho de uma modernização desenraizadora e que a nossa história colonial e um processo de descolonização fracassado têm uma participação decisiva nesse descarrilamento. Contra as tacanhices fundamentalistas, nós sempre podemos esclarecer que a crítica justificada ao Ocidente toma seus critérios emprestado dos discursos de uma autocrítica do Ocidente que tem mais de duzentos anos.

Recentemente, dois planos políticos foram rasgados na trituradora da guerra e do terrorismo: o assim chamado "road map", que deveria levar à paz entre israelenses e palestinos, e o cenário imperialista de Cheney, Rumsfeld, Rice e Bush. O roteiro para o conflito em Israel deveria ser escrito junto com o roteiro para a reconstrução de todo o Oriente Médio. Mas a política dos Estados Unidos fundiu o antiamericanismo com o antissemitismo. Hoje o antiamericanismo se aproxima das velhas formas de um antissemitismo assassino. Como é possível desativar essa mistura explosiva?

Habermas: Isso é um problema especialmente na Alemanha, onde neste momento se abrem as comportas para um tratamento narcisista com as próprias vítimas e onde a censura às conversas de bar, necessária durante décadas, irrompe na opinião oficial. Mas só vamos conseguir superar essa mistura que o senhor descreve corretamente quando for possível separar de forma convincente a tarefa legítima de crítica à visão fatal da ordem mundial de Bush de toda e qualquer mistura antiamericana. Assim que *a outra América* voltar a ganhar contornos visíveis, o antiamericanismo que só serve de pretexto para o antissemitismo cairá por terra.

IV
O projeto kantiano e o Ocidente dividido

8
A constitucionalização do direito internacional* ainda tem uma chance?**

Sumário

Introdução

I. Sociedade mundial *versus* república mundial politicamente constituídas

    1. Direito internacional clássico e "igualdade soberana"

    2. Paz como implicação da liberdade em conformidade com a lei

    3. Do direito dos Estados para o direito dos cidadãos do mundo

    4. Por que o "substituto" da Liga das Nações?

    5. A analogia enganadora do estado de natureza

    6. Poder estatal e Constituição

    7. Política interna mundial sem governo mundial

    8. Constituição supranacional e legitimação democrática

    9. Tendências convergentes

---

* Na maior parte das vezes, *Völkerrecht* é traduzido por "direito das gentes", seguindo a tradução consolidada da tradição kantiana. No entanto, em alguns casos, o termo é traduzido por "direito internacional", dependendo do contexto e da sintaxe. (N. T.)

** Agradeço a Hauke Brunkhorst pelas estimulantes discussões ao longo da preparação do texto e a Armin von Bogdandy pelos úteis comentários à penúltima versão. Texto inédito. (N. A.)

Jürgen Habermas

II. Constitucionalização do direito internacional ou ética liberal da potência mundial
  1. A história do direito internacional à luz dos desafios atuais
  2. O poder da nação – Julius Fröbel antes e depois de 1848
  3. Kant, Woodrow Wilson e a Liga das Nações
  4. A Carta da ONU é uma "Constituição da comunidade internacional"?
  5. Três inovações no direito internacional
  6. A dupla face da Guerra Fria
  7. Os ambivalentes anos 1990
  8. Agenda de reforma
  9. A constelação pós-nacional
III. Visões alternativas para uma nova ordem mundial
  1. Uma virada na política de direito internacional norte-americana depois do Onze de Setembro?
  2. As fraquezas de um liberalismo hegemônico
  3. O desenho neoliberal e o desenho pós-marxista
  4. Kant ou Carl Schmitt?

Introdução

Na origem do sistema estatal europeu, com Francisco Suarez, Hugo Grócio e Samuel Pufendorf, a filosofia ainda tinha o papel pioneiro na criação de um direito internacional moderno. A filosofia assumiu esse papel pela segunda vez quando as relações internacionais travadas juridicamente se ensaiaram no nível de poder das chamadas guerras de gabinete. Com o projeto de um "estado cosmopolita", Kant deu o passo decisivo para além do direito das gentes [*Völkerrecht*] baseado apenas nos Estados. Nesse meio-tempo, o direito internacional não só se diferenciou como disciplina jurídica; depois de duas guerras mundiais, a constitucionalização do direito internacional fez progressos na direção apontada por Kant e ganhou forma institucional em constituições, organizações e procedimentos internacionais.[1]

Desde o fim da ordem mundial bipolar e desde a ascensão dos Estados Unidos à condição de poder mundial predominante, uma alternativa à perspectiva de desenvolvimento da constituição cosmopolita se desenha. Um mundo dominado por Estados nacionais está de fato em transição para a constelação pós-nacional de uma sociedade mundial. Os Estados perdem sua autonomia na medida em que se envolvem nas redes de relações horizontais dessa sociedade global.[2] Mas, nessa situação, o projeto kantiano de uma ordem cosmopolita não encontra só a objeção tradicional dos "realistas", que entendem haver uma primazia sócio-ontológica do poder sobre o direito. Outros adversários entram hoje em cena, em nome de um *ethos* liberal mundial que eles querem colocar *no lugar* do direito.

Segundo a concepção realista, uma domesticação normativa do poder político pelo direito só é possível no interior das fronteiras de um Estado soberano que assente sua existência na capacidade de autoafirmação violenta. De acordo com essa premissa, o direito internacional deve ser para sempre negado

---

1 Fassbender, The United Nations Charter as Constitution of the International Community, p.529-619; Frowein, Konstitutionalisierung des Völkerrechts, p.427-47; para um estudo mais aprofundado, ver: Brunkhorst, *Solidarität. Von der Bürgerfreundschaft zur globalen Rechtsgenossenschaft*; Bryde, Konstitutionalisierung des Völkerrechts und Internationalisierung des Verfassungsrechts, p.62-75.

2 Czempiel, *Weltpolitik im Umbruch.*

pela mordida de um direito munido de sanção. A disputa entre idealistas kantianos e realistas schmittianos sobre as fronteiras da juridificação das relações internacionais[3] é sobreposta hoje por um conflito mais profundo. O projeto de uma nova ordem mundial liberal sob proteção da *pax americana*, perseguido pelos mentores do governo norte-americano em exercício, levanta a questão de se a *juridificação* das relações internacionais deve ser substituída por uma *eticização* da política mundial determinada por parte da superpotência.

O ponto de discussão entre idealistas e realistas era a questão de se a justiça é de todo possível nas relações entre nações;[4] na nova posição se trata de saber se o direito ainda é o meio adequado para efetivar os objetivos declarados de manutenção da paz e da segurança internacional, bem como da implementação da democracia e dos direitos humanos no plano mundial. A questão controversa é saber de que forma esses objetivos podem ser realizados – de acordo com os procedimentos juridicamente estabelecidos de uma organização mundial inclusiva, mas impotente e que toma decisões de forma seletiva, ou, por outro lado, por força de uma ordem política unilateral de um *hegemon* bem-intencionado. Quando a estátua de Saddam foi derrubada de sua base em Bagdá, a questão já parecia ter sido decidida pelos fatos. Com o anúncio de sua National Security Strategy de setembro de 2002 e com a invasão do Iraque em março de 2003, o governo norte-americano ignorou o direito internacional por duas vezes. Para isso, ele afastou a organização mundial para dar primazia a seus próprios interesses

---

3 Id., *Neue Sicherheit Europa. Eine Kritik an Neorealismus und Realpolitik.*

4 Pangle; Ahrensdorf, *Justice among Nations.*

O Ocidente dividido

nacionais, justificados eticamente – mesmo contra as objeções de seus aliados. A marginalização da organização mundial por parte de uma superpotência decidida a entrar em uma guerra desafiou o direito vigente de forma dramática.

Então se coloca a questão sobre se, do ponto de vista normativo, algo estaria errado nesse procedimento imperial – e partimos do pressuposto de que o empenho americano poderia ter alcançado de maneira mais efetiva os objetivos partilhados, mas desejados com indiferença e sem muito sucesso pelas Nações Unidas. Ou então deveríamos nos ater, também neste caso admitindo contrafactualmente, ao projeto de uma constitucionalização do direito internacional há muito tempo em curso e apoiar tudo que pudesse levar o próximo governo norte-americano a considerar aquela missão mundial histórica da qual os presidentes Wilson e Roosevelt se apropriaram depois do final de uma guerra mundial devastadora? O projeto kantiano só pode ser levado adiante se os Estados Unidos voltarem ao internacionalismo que defendiam depois de 1918 e 1945 e assumirem novamente o papel histórico de pioneiro em direção à evolução do direito internacional em um "Estado cosmopolita".

Uma situação marcada pelo terrorismo e pela guerra, por desenvolvimentos econômicos mundiais díspares, que ainda se agravou em razão das consequências infelizes da guerra do Iraque, exige uma reflexão renovada sobre este tema. No melhor dos casos, a filosofia forma a retaguarda esclarecedora de conceitos em meio a uma discussão disciplinar liderada por internacionalistas e cientistas políticos. Enquanto a ciência política descreve o estado das relações internacionais e o direito faz declarações sobre o conceito, a validade e o conteúdo do direito internacional existente, a filosofia pode tentar esclarecer, à luz das constelações existentes e das normas vigentes, alguns aspectos conceituais básicos do desenvolvimento do direito como um todo. É apenas dessa forma que ela pode contribuir para a discussão sobre a questão de se o projeto kantiano ainda tem algum futuro. Antes de voltar a essa questão na conclusão, na primeira parte quero desatrelar a ideia do Estado cosmopolita da fixação conceitual que tem a forma concreta de uma república mundial e, na segunda parte, a qual é orientada historicamente, quero analisar as tendências que vieram ao encontro ou que impediram uma constitucionalização esclarecida do direito internacional.

I. Sociedade mundial *versus* república mundial politicamente constituídas

1. Direito internacional clássico e "igualdade soberana"

Kant reprova a guerra de agressão[5] e coloca em questão o direito de o soberano declarar guerras – o *jus ad bellum*. Esse "direito" por meio do qual "nada se pode propriamente pensar"[6] forma o núcleo estruturante do direito internacional clássico. Nesse conjunto de regras originado a partir dos costumes e

---

5 Ver Kant, *Streit der Fakultäten*, p.367: "Os homens vão ser forçados a ver o maior obstáculo da moralidade, a guerra [...], desaparecer – primeiro a se tornar paulatinamente mais humana, em seguida, mais rara e, finalmente, desaparecer completamente como guerra de agressão".

6 Ibid., p.212. [As traduções dos trechos de *À paz perpétua* se baseiam, com modificações, na obra *À paz perpétua*, traduzida por Marco Zingano (Porto Alegre: L&PM, 2008) – N. T.]

O Ocidente dividido

dos tratados se espelham os contornos do sistema estatal europeu que tomou forma desde a paz de Vestfália e que durou até 1914. Apenas os Estados – e até a metade do século XIX, só Estados europeus (sem considerar o caso excepcional da Santa Sé) – eram admitidos como sujeitos do direito internacional. Adaptado dessa forma à participação exclusiva das "nações", o direito internacional clássico foi constitutivo para as relações "inter-nacionais" em sentido literal. Os Estados nacionais são apresentados como participantes de um jogo estratégico:

- eles desfrutam de um grau de independência fática que os torna capazes de decidir segundo suas próprias preferências e de agir de forma autônoma;
- sob os imperativos de defesa contra os perigos de autoafirmação, ao mesmo tempo que estão a serviço da segurança de seus cidadãos, eles seguem exclusivamente suas próprias preferências (entendidas como "interesses nacionais");
- qualquer um pode formar coalizões com qualquer um e todos concorrem pelo aumento de seu próprio poder político na base de potenciais de ameaça militar.

O direito internacional estipula as regras do jogo[7] e determina:

(a) as qualificações necessárias à participação: um Estado soberano precisa controlar as fronteiras sociais e territoriais de maneira efetiva, bem como deve conseguir manter a lei e a ordem internamente;

---

7 Kunig, Völkerrecht und staatliches Recht, p.87-160.

(b) as condições de admissão: a soberania de um Estado se baseia no reconhecimento internacional;

(c) e o próprio *status*: um Estado soberano pode celebrar tratados com outros Estados soberanos. Em caso de conflito, ele tem o direito de declarar guerra contra outros Estados sem dar razões (*jus ad bellum*), mas ele não pode intervir nos assuntos internos de outros Estados (proibição de intervenção). Uma série de consequências resulta desses princípios:

- não existe instância supranacional que sancione e puna violações contra o direito internacional;
- um Estado soberano pode violar os padrões de prudência e eficiência, mas não as medidas da moral: seu comportamento será visto como moralmente indiferente;
- a imunidade de que o Estado usufrui se estende a seus representantes, funcionários e empregados;
- o processo legal de crimes cometidos na guerra é reservado ao Estado soberano (de acordo com o *jus in bello*);
- terceiros podem se manter neutros diante de partes em guerra.

O conteúdo normativo do direito internacional clássico se esgota na equiparação de Estados nacionais – sem considerar as diferenças de tamanho no que diz respeito ao número da população, ao território e ao poder político e econômico de fato –, baseada no reconhecimento recíproco dos sujeitos de direito internacional. Essa "igualdade soberana" é obtida pelo preço do reconhecimento da guerra como mecanismo de regulação dos conflitos, ou seja, com a liberação da força militar. Isso exclui a

O Ocidente dividido

introdução de instâncias superiores para aplicar e implementar o direito de forma imparcial. Ambos explicam o caráter "fraco" de um direito cuja efetividade é, em última instância, dependente da vontade soberana de partes que celebram tratados. A efetividade dos tratados internacionais está fundamentalmente sob a condição de que as partes contratuais soberanas substituam o direito pela política caso seja necessário.

No direito internacional clássico, o poder político subjacente se reflete de forma diferente do que acontece no direito interno. O poder estatal que confere validade aos direitos dos cidadãos está, por sua vez, vinculado ao direito. No plano nacional, um poder estatal que se constitui primeiro sob as formas do direito e um direito orientado ao poder de sanção do Estado se *penetram mutuamente*. Falta essa interpenetração entre poder e direito no plano internacional. Aqui permanece uma relação assimétrica entre poder e direito porque as regulações de direito internacional mais refletem as respectivas constelações subjacentes entre os Estados do que as penetram normativamente – o direito forma as relações dos poderes soberanos entre si, mas não as controla.

É por isso que, sob suas próprias premissas, o direito internacional clássico só consegue desenvolver um efeito estabilizador na medida em que a equiparação formal dos sujeitos de direito internacional é "coberta" por um equilíbrio de poder político – sempre pressupondo que as partes em guerra mantêm, em geral, um entendimento tácito sobre as fronteiras do exercício da violência tidas como tabus morais na guerra. Kant contesta ambos os pressupostos por razões empíricas. Com o exemplo da divisão da Polônia diante dos olhos, ele entende que a função reestabelecedora da paz do equilíbrio dos poderes é um "produto da imaginação".[8] E não são só as crueldades de "guerras de punição e de extermínio" que são um escândalo moral. As guerras de gabinete travadas com exércitos permanentes já são incompatíveis "com os direitos da humanidade em nossa própria pessoa" porque um Estado que deixa seus cidadãos "morrerem ou serem mortos em serviço" reduz as pessoas a "meras máquinas".[9]

2. Paz como implicação da liberdade em conformidade com a lei

O objetivo de abolir a guerra é um mandamento da razão. A razão prática faz valer, em primeiro lugar, o veto da moral contra matar e ser morto de forma sistemática: "Não deve haver guerra alguma – nem entre mim e você no estado de natureza, nem entre nós como Estados que, embora se encontrem internamente em estado jurídico, externamente (na relação de uns com os outros) vivem num estado sem leis".[10] No entanto, para Kant o direito não é meramente um *meio* adequado para reestabelecer a paz também entre Estados. Ele entende a paz entre as nações muito mais *como* a própria paz jurídica já de saída.[11]

Assim como Hobbes, Kant insiste na relação *conceitual* entre direito e garantia da paz. Mas, diferentemente dele, Kant não

---

8 Kant, *Über den Gemeinspruch...*, p.172.

9 Id., *Zum Ewigen Friede*, p.197 ss.

10 Id., *Rechtslehre*, in: *Werke*, p.479 e 478. [As traduções dos trechos da *Doutrina do direito* se baseiam, com modificações, na obra *Metafísica dos costumes*, tradução de Clélia Aparecida Martins, Bruno Nadai, Diego Kosbiau e Monique Hulshof (Petrópolis: Vozes, 2013) – N. T.]

11 Gerhardt, *I. Kants Entwurf 'Zum Ewigen Frieden'*.

O Ocidente dividido

remete a pacificação jurídica da sociedade à troca paradigmática da obediência dos submetidos ao direito contra a garantia de proteção do Estado. Do ponto de vista dos republicanos, a função de reestabelecimento da paz do direito se cruza muito mais com a função asseguradora da liberdade de um estado jurídico que os cidadãos possam reconhecer como legítimo por sua livre vontade. A ampliação cosmopolita do estado jurídico estabelecido primeiro no interior do Estado não é desejável apenas *como consequência* da paz perpétua, mas desejável enquanto tal, como um mandamento da razão prática. É por isso que o "reestabelecimento universal e contínuo da paz não é uma mera parte, mas todo o fim último da doutrina do direito". A ideia de uma "comunidade pacífica, ainda que não amistosa, de todos os povos" é um princípio do direito e não só um mandamento da moral.[12] O Estado cosmopolita *é* o Estado de paz de longo prazo. A ideia de uma Constituição cosmopolita que garanta uma "unificação de todos os povos sob leis públicas" tem como significado um Estado de paz "verdadeiro", peremptório e não meramente provisório.

Essa enlace conceitual entre o *telos* da paz e o princípio do direito também explica o "propósito cosmopolita" da filosofia da história, ou seja, o ponto de vista heurístico decisivo a partir do qual Kant decifra o curso da história: "O problema de criar uma Constituição inteiramente civil é dependente do problema de uma relação externa entre os Estados que seja conforme à lei e não pode ser solucionado sem este último".[13]

---

12 Kant, *Rechtslehre*, p.475.
13 Id., *Idee zu einer Allgemeinen Geschichte*, p.41.

A palavra-chave decisiva foi lançada com "Constituição civil": o direito das gentes que regula as relações entre os Estados precisa ser separado da Constituição de uma comunidade de Estados. Só então os Estados e seus cidadãos podem entrar entre si numa "relação em conformidade com a lei".

Kant chama de "conforme à lei" uma relação em que a liberdade de cada um coexiste com a liberdade de cada outro segundo uma lei universal.[14] Kant compartilha do conceito material de lei de Rousseau.[15] As leis preenchem a condição de uma universalidade pragmática e de forma alguma entendida apenas semanticamente quando têm origem num procedimento inclusivo de representação do povo, marcado pela discussão e pela publicidade.[16] O perigo de despotismo, incubado em todas as leis meramente impostas pela autoridade, só pode ser impedido pelo procedimento republicano de uma formação da opinião e da vontade de todos os concernidos em potencial. Também as leis da comunidade internacional só vão considerar os interesses de todos os Estados *na mesma medida* – independentemente de seu tamanho e do número de sua população, de sua prosperidade, de seu poder e força econômica –, quando elas forem expressão de uma "vontade unificada" originada por meio de um procedimento inclusivo.[17]

Kant segue a analogia de uma "Constituição civil" como essa para concretizar a ideia geral da "Constituição cosmopolita" no sentido de um "Estado universal dos povos". Com seu projeto ousado de uma ordem cosmopolita, ele se deixa

---

14 Id., *Rechtslehre*, p.345.

15 Maus, *Zur Aufklärung der Demokratietheorie*, p.176 ss.

16 Habermas, *Faktizität und Geltung*, p.167 ss.

17 Kant, *Idee zu einer Allgemeinen Geschichte*, p.42.

inspirar pelos atos constituintes revolucionários de seu tempo. As repúblicas que resultaram das revoluções americana e francesa foram os primeiros e únicos exemplos na época de uma legislação que assegurava a legitimidade, "já que todos estão acima de todos, então cada um decide sobre si mesmo – porque só contra si mesmo ninguém consegue ser injusto".[18] Dessa perspectiva só é possível imaginar uma comunidade *constituída* internacionalmente sob a forma de uma república das repúblicas – como um "republicanismo de todos os Estados"[19] ou como uma "república mundial".[20] Assim a "Constituição civil" realizada de forma revolucionária ganha o caráter de modelo para a passagem do direito internacional clássico para o direito cosmopolita – e seduz Kant a uma concretização em certa medida precipitada da ideia universal de uma "comunidade constituída por Estados".

3. Do direito dos Estados para o direito dos cidadãos do mundo

Antes de entrar nas consequências problemáticas desse estreitamento, quero esclarecer o sentido cosmopolita da construção de uma república mundial. Ela torna a guerra como meio de resolução de conflitos impossível *na condição* de guerra porque conflitos "externos" não são possíveis no âmbito de uma coletividade global inclusiva. O que antes era confronto de guerra, no interior de uma ordem jurídica global, ganha a qualidade de

---

18 Id., *Über den Gemeinspruch...*, p.150.
19 Id., *Rechtslehre*, Beschluss, p.478.
20 Id., *Zum Ewigen Frieden*, p.213.

defesa contra os perigos e de persecução criminal. É certo que a ideia de uma república mundial não se esgota na representação de uma ordem jurídica supranacional a que os poderes estatais se submetem "em analogia com as pessoas individuais de um direito civil ou estatal".[21] Com os meios repressivos de um monopolista despótico da violência, uma "monarquia universal" também poderia levar a uma pacificação jurídica da sociedade mundial desse tipo. A ideia de um Estado cosmopolita é mais exigente porque ela transpõe a positivação dos direitos civis e dos direitos humanos do plano nacional para o internacional.

O núcleo inovador dessa ideia está na consequência da remodelação do direito internacional como um direito *de Estados* em um direito cosmopolita como direito *de indivíduos*: agora eles não são mais sujeitos de direito apenas na condição de cidadãos de seus respectivos Estados, mas também como membros de uma "essência cosmopolita comum sob um líder".[22] Os direitos humanos e civis atribuídos aos indivíduos também devem alcançar agora as relações internacionais. Os Estados soberanos que se unificam em um "grande corpo estatal" obtêm a autorização de seus cidadãos para se tornarem cidadãos mundiais pelo preço de sua própria mediatização. Na medida em que assumem o *status* de membros em uma república das repúblicas, eles renunciam à opção de substituir o direito pela política na relação com outros Estados-membros. A *estatização das relações internacionais* significa que o direito penetra completamente e

---

21 Id., *Über den Gemeinspruch...*, p.171 ss.

22 Id., *Über den Gemeinspruch...*, p.169. No mesmo sentido, ver a observação em *Zum Ewigen Frieden*, p.203, escrito posterior, em que Kant relaciona o direito cosmopolita a pessoas "que devem ser vistas como cidadãs de um Estado humano universal".

transforma o poder político também na relação externa entre os Estados. Com isso desaparece a diferença entre soberania externa e interna, não apenas em razão da expansão global do Estado de povos inclusivo, mas por razões normativas: a força vinculante da constituição republicana afasta a "substância" de um poder de autoafirmação juridicamente indomado e visto de fora como "selvagem". No sentido de uma violência do executivo estatal conservada, por assim dizer, por "trás" do direito, o "político" perde a última reserva de arbítrio com a arena internacional.

Até o final, Kant se detém na *ideia* de uma completa constitucionalização do direito internacional na forma de uma república mundial. Houve muita especulação sobre por que, apesar de introduzir a concepção fraca de uma aliança entre os povos, ele baseia sua esperança em uma associação voluntária de Estados que querem a paz, mas que permanecem soberanos. A famigerada passagem em que ele justifica esse passo é:

> Para os Estados [...] não pode haver qualquer outro meio de, segundo a razão, sair do estado sem leis [...] a não ser que eles desistam de sua liberdade selvagem (sem lei), consintam com leis públicas de coerção e assim [...] formem um Estado de povos que por fim viria a compreender todos os povos da Terra. Já que eles, porém, segundo sua ideia de direito internacional, não querem isso de modo algum [...], então, no lugar da ideia positiva de uma república mundial [...] somente o substituto negativo de uma liga consistente, sempre expansiva e que repele a guerra é capaz de parar o fluxo de tendências hostis.[23]

---

23 *Zum Ewigen Frieden*, p.212 ss.

Ao projeto da liga das nações está vinculada a ideia de uma federação cada vez mais ampla de repúblicas impulsionadas pelo comércio que de fato se reservam a possibilidade de sair da liga, mas que repudiam guerras de agressão e se sentem moralmente obrigadas a submeter os conflitos entre si a um tribunal arbitral internacional. De forma alguma Kant desmente a própria ideia de um Estado cosmopolita com esse projeto de um congresso permanente de Estados, que dois séculos depois vai assumir uma forma completamente diferente e contrarrevolucionária na "Santa Aliança".[24] Como antes, ele continua a contar com um curso da história que, partindo da domesticação por parte do direito internacional da violência praticada nas guerras até a discriminação vinculante de guerras de agressão, passo a passo se aproxima do objetivo da construção de uma Constituição cosmopolita. Mas os povos ainda não estão preparados, nem precisam de educação. Ainda hoje existem evidências suficientes para a observação *empírica* de que os Estados nacionais insistem em sua soberania, de que "decisivamente" eles não "querem" abrir mão da margem de manobra que o direito internacional clássico lhes reconhece. Mas essa não seria uma razão suficiente para se desfazer da própria *ideia*.

Em geral, Kant não reage com a introdução de um "substituto" a esse tipo de resistências históricas de atrito. À maneira da história da filosofia, ele envolve muito mais a ideia num contexto mais denso possível de tendências que se aproximam.[25]

---

24 Quem primeiro me convenceu disso foi Thomas A. McCarthy, On Reconciling Cosmopolitan Unity and National Diversity, p.235-74.

25 Para mais detalhes sobre este ponto, Habermas, Kants Idee des ewigen Friedens – aus dem historischen Abstand von 200 Jahren, p.192-236. Sobre este ponto especificamente, ver p.199-207.

O Ocidente dividido

É sabido que ele deposita sua esperança sobretudo em três fatores com efeitos a longo prazo:

- na natureza pacífica das repúblicas a partir da qual é composta a vanguarda da liga das nações;
- na força pacificadora do livre-comércio que faz que os atores estatais sejam cada vez mais dependentes das crescentes interdependências do mercado mundial e que obriga à cooperação;
- na função crítica de uma esfera pública mundial compreendida em seu surgimento que – na medida em que "a violação a um direito em um lugar da Terra é sentida em todos"[26] – mobiliza a consciência e a participação política dos cidadãos ao redor do mundo.

Mas se a longa duração desses desenvolvimentos históricos necessários não obriga a atenuar a própria ideia e se ela encontra expressão adequada numa república federativa mundial, então por que Kant se concentra mais tarde no projeto de uma liga das nações?

4. Por que o "substituto" da Liga das Nações?

Com a sugestão de olhar para a *aliança* entre os povos como um substituto para o *Estado* de povos, Kant parece reagir a dificuldades que são mais de natureza conceitual do que de natureza empírica. E é com esses problemas – a partir dos quais olhamos em retrospectiva ao processo de constitucionalização

---

26 Kant, *Zum Ewigen Frieden*, p.216.

do direito internacional que de fato tem avançado, mas que continua sempre ameaçado – que nós mais conseguimos aprender. Eles nos deixam atentos para o fato de que Kant não concebeu a ideia bem fundamentada da evolução do direito internacional, centrado no Estado, em direção do direito cosmopolita de maneira suficientemente abstrata. Ele fez que ela entrasse num curto-circuito com a ideia de uma república mundial ou de um Estado de povos de tal forma que ela só pode ser ridicularizada diante da distribuição assimétrica de poder e da complexidade descontrolada de uma sociedade mundial de grandes desníveis sociais e de fraturas culturais.

Kant justifica o projeto da liga das nações ao afirmar que, com um olhar mais de perto, a ideia do Estado de povos se mostra conceitualmente inconsistente – "existiria aqui uma contradição", pensa ele,

> porque cada Estado contém uma relação entre um *superior* (legislador) e um *inferior* (que obedece, a saber, o povo), muitos povos porém, em um Estado, formariam unicamente um povo, o que contradiz a pressuposição (já que temos aqui de considerar o direito dos *povos* uns em relação aos outros, enquanto eles formam muitos Estados separados e não devem fundir-se em um Estado).[27]

Nessa passagem, Kant não vê os "Estados" apenas como associações de cidadãos livres e iguais segundo os conceitos jurídicos individualistas, mas como Estados nacionais sob pontos de vista ético-políticos, isto é, como comunitarizações

---

27 Ibid., p.209.

O Ocidente dividido

políticas de "povos" (em itálico) que se diferenciam entre si pela língua, religião e forma de vida. Como os povos perderiam uma independência nacional há pouco conquistada com a soberania de seus Estados, a autonomia de cada forma própria de vida coletiva estaria ameaçada. Segundo esse tipo de leitura, a "contradição" está no fato de que os cidadãos de uma república mundial precisariam pagar pela garantia da paz e da liberdade civil com a perda daquela liberdade substantiva que eles detêm na qualidade de membros de um povo organizado sob a forma de um Estado nacional.

No entanto, essa suposta contradição – da qual se ocuparam gerações de intérpretes da obra de Kant[28] – se resolve quando analisamos a premissa que dá base ao argumento. Kant tem o exemplo da república centralista francesa diante dos olhos e, com o dogma da indivisibilidade da soberania estatal, cai desnecessariamente num beco sem saída conceitual.[29] Apesar de "todo poder emanar do povo" no Estado constitucional com divisão de poderes, o poder já se ramifica na fonte.

O povo não pode governar diretamente, mas exerce o poder estatal – como também está no artigo 20º, parágrafo 2º da Constituição – "nas eleições e referendos e por meio de órgãos especiais do legislativo, do poder executivo e do judiciário". Na base desse conceito procedimental de soberania popular, é possível pensar conjuntamente e de maneira informal as cadeias

---

28 Ver as contribuições de Brandt, Gerhardt, Höffe e Kersting em Höffe, *I. Kant, Zum Ewigen Frieden*; e ainda: Gerhardt, *I. Kants Entwurf 'Zum Ewigen Frieden'*; Brandt, Historisch-kritische Beobachtungen zu Kants Friedensschrift, p.12-30; Budelacci, *Kants Friedensprogramm*.

29 Kersting, Globale Rechtsordnung oder weltweite Verteilungsgerechtigkeit?, p.243-315; para este argumento, ver p.269.

paralelas de legitimação que correm uma ao lado da outra no plano dos Estados-membros em um sistema federalista de múltiplos níveis e a unidade fictícia do assim chamado povo soberano.[30] Kant pôde ler essa concepção de uma soberania popular "partilhada" a partir do modelo dos Estados Unidos e conseguiu perceber que os "povos" de Estados independentes que restringem sua soberania em favor de um governo federal não precisam perder seus traços culturais característicos e sua identidade.

É certo que essa concepção também não afasta completamente a dúvida de que povos "isolados" por sua religião e por seu idioma não vão se "fundir" em uma república mundial. Quando Kant reflete que, numa sociedade mundial altamente complexa, o direito e a lei só podem ser implementados pelo preço de um "despotismo sem alma", no plano de fundo já existe algo como o temor de Foucault diante da "normalização". No receio de que uma república mundial estruturada como sempre em uma federação teria que levar ao nivelamento das diferenças culturais e sociais, está a objeção fundamental de que, por razões funcionais, a propensão irresistível de degenerar em uma "monarquia universal" é intrínseca a um Estado de povos global. Por fim, é a alternativa entre o poder mundial de um monopolista da violência que governa sozinho e o sistema de múltiplos Estados soberanos existente que inquieta Kant, e é a partir dela que ele busca uma saída com a concepção substituta de uma "aliança entre os povos".

---

30 Oeter, Souveränität und Demokratie als Problem der Verfassungsentwicklung der Europäische Union, p.659-712.

5. A analogia enganadora do estado de natureza

Isso dá margem para perguntarmos se a própria alternativa está colocada corretamente. Kant chega à alternativa de uma república mundial ou de um governo mundial por meio do caminho de uma analogia que conduz a formação do conceito na direção de uma determinação concreta e precipitada da ideia bem fundamentada de um Estado cosmopolita. O estado anárquico entre os Estados soberanos sugere a comparação com o "estado de natureza" familiar às construções do direito racional, no qual os indivíduos deveriam se encontrar antes de qualquer socialização.[31] Então o contrato social aponta para eles a saída de sua situação atormentadora de insegurança permanente, uma saída em direção à coexistência dos cidadãos organizada pelo Estado. Hoje – assim é a reflexão de Kant – os Estados precisariam, por sua vez, buscar uma saída parecida de seu estado de natureza igualmente insustentável.[32] Como uma vez os indivíduos decidiram conjuntamente por uma coletividade organizada pelo Estado sob leis obrigatórias, sacrificando com isso sua liberdade natural, da mesma forma deveriam também os Estados se reunir em uma "coletividade cosmopolita sob um líder", sacrificando sua soberania. Como o Estado foi a resposta no primeiro caso, aqui um Estado de Estados – o Estado de povos – deve trazer a solução.

Essa analogia é enganadora mesmo que a consideremos sob as próprias premissas de direito racional adotadas por Kant.[33]

---

31 Ver a conclusão da *Rechtslehre*, p.478.

32 Kant, *Über den Gemeinspruch...*, p.169.

33 Agradeço a P. Kleingeld, *Kant's Theory of Peace* (Ms 2004), por essa recomendação.

Diferentemente dos indivíduos no estado de natureza, os cidadãos dos Estados que competem naturalmente entre si já desfrutam de um *status* que lhes garante direitos e liberdades (mesmo que de forma restrita). O erro da analogia se fundamenta no fato de que os cidadãos já passaram por um longo processo de formação política. Eles estão de posse do bem político das liberdades juridicamente garantidas e colocariam esse bem em jogo se estivessem envolvidos com uma restrição à soberania do poder estatal que garante este estado jurídico.

Os moradores não formados do estado bruto de natureza não tinham nada a perder a não ser o medo e o terror do embate de suas liberdades naturais, ou seja, de suas liberdades não garantidas. É por isso que o programa que os Estados e seus cidadãos precisaram percorrer na passagem do direito internacional clássico para o estado cosmopolita de forma alguma se relaciona de maneira *análoga*, mas de forma *complementar* àquele programa que os cidadãos dos Estados democráticos de direito completaram no processo de uma juridificação do poder estatal que inicialmente agia de forma independente.

A ideia do contrato social é a tentativa de reconstrução conceitual da origem do Estado como a forma organizada do poder legítimo. O poder organizado pelo Estado consiste no exercício do poder político a partir da base da administração do direito vinculante. Trata-se aqui da lógica da constituição do poder estatal a partir de componentes de um comando natural, antes de tudo pré-político, por um lado, e da estrutura regulatória e da força vinculante de um direito ancorado sobretudo de maneira metassocial, por outro.[34] Só com a ligação de ambos os componentes

---

34 Habermas, *Faktizität und Geltung*, p.167-87.

O Ocidente dividido

se forma o poder *político* como fonte de decisões que vinculam a coletividade. O poder político se constitui nas formas do direito. Na medida em que estabiliza expectativas comportamentais (e assim desempenha sua função própria), o direito coloca sua estrutura regulatória à disposição do poder. Nesse contexto, o direito serve ao poder como meio de organização. Ao mesmo tempo, tem à disposição um recurso de justiça, por meio do qual o poder pode simultaneamente se legitimar. Enquanto o poder político tira suas forças do caráter vinculante do direito, o direito, ao contrário, deve esse caráter ao poder estatal de sanção. Não há segurança jurídica sem recorrer ao meio de violência levado sob custódia como fundo de reserva do poder.

No século XVII, o direito racional moderno surge como forma de reflexão de um sistema estatal que, depois das guerras de religião, se adapta às bases ideologicamente neutras da legitimação. O direito racional analisa a constelação conceitual de direito e poder com o propósito crítico de explicitar o conteúdo racional igualitário originalmente colocado na conformidade do Estado e do poder político ao direito. Com a ajuda de seu conceito inovador de autonomia, Rousseau e Kant decifram esse conteúdo latente de um direito instrumentalizado por poderes estatais autoritários e adotado politicamente apenas a seu serviço. Eles remetem a função legitimadora da *forma* do direito – que nesse meio-tempo se positivou por completo – ao núcleo normativo de um conceito de lei concebido não apenas semanticamente e, em última instância, à legitimidade dos processos geradores da legislação democrática.[35] Essa concepção do direito racional descobre na forma do direito moderno

---

35 Maus, *Zur Aufklärung der Demokratietheorie.*

uma obstinação normativa que dá a esse meio a forma para *racionalizar* o poder político em vez de só lhe emprestar uma *expressão racional*. O interesse do trabalho de reconstrução do direito racional está na comprovação de que o embrião conceitual para uma juridificação de um poder "irracional" do Estado, ou seja, de um poder decisório não regulado, está colocado no poder político em razão de sua constituição em conformidade com o direito.

A penetração recíproca entre direito positivo e poder político não tem por objetivo o mero poder legal, mas um poder *constituído* democraticamente e nos moldes do Estado de direito. O *terminus ad quem* da juridificação do poder político é a Constituição, que dá a si mesma uma comunidade política de cidadãos livres e iguais. Cada "Estado" está construído hierarquicamente e organiza capacidades de atuação que estão à disposição do exercício do poder político; por outro lado, por meio do direito positivo, uma "Constituição" dá as normas para uma socialização horizontal dos cidadãos na medida em que fixa direitos fundamentais que os membros de uma associação autoadministrada de parceiros livres e iguais concedem reciprocamente. Nesse sentido, a juridificação republicana da substância do poder do Estado está voltada para o *telos* de uma "Constituição".

A constitucionalização do poder estatal implementada sela a *inversão da constelação de partida* de um direito instrumentalizado pelo poder.

Segundo a autocompreensão da Constituição, "todo poder" tem origem na vontade autônoma, ou seja, na vontade formada racionalmente de uma sociedade civil constituída de forma republicana (ou seja, ele "emana do povo"). De acordo com a lógica do contrato social, a racionalização do poder interna ao

O *Ocidente dividido*

Estado tem lugar em um poder estatal constituído em conformidade ao direito, mas ainda não propriamente juridificado – nesse sentido, é um poder estatal "substancial" –, cujo núcleo irracional só se desfaz no processo democrático do Estado constitucional completamente estabelecido. Diante desse pano de fundo de conceitos fundamentais, é possível mostrar que a passagem do direito das gentes para o direito cosmopolita não consegue fazer esse desenvolvimento evoluir de forma linear, como Kant sugere a princípio.

6. *Poder estatal e Constituição*

A constitucionalização do direito internacional não pode ser compreendida como a evolução lógica da domesticação constitucional de um poder estatal que opera espontaneamente. O ponto de partida para a juridificação pacificadora das relações internacionais forma um direito internacional que, em sua forma clássica, apresenta uma relação entre Estado e constituição como que invertida num espelho. Falta aqui o correspondente do direito internacional para uma Constituição que institui uma associação de parceiros de direito livres e iguais. O que falta é um poder supranacional, para além dos Estados que rivalizam entre si, que forneça à comunidade de Estados constituída internacionalmente possibilidades de sanção e capacidades de atuação necessárias para a imposição de suas regras.

Nesse sentido, o direito internacional clássico já é um tipo de Constituição, na medida em que estabelece uma comunidade jurídica entre partes que formalmente têm os mesmos direitos. É claro que essa protoconstituição do direito internacional se diferencia de uma constituição republicana em seus traços essenciais. Ela não é composta por parceiros de direito individuais, mas por atores coletivos, e não tem a função de constituir o poder, mas só de lhe dar forma. Para uma Constituição em sentido estrito, falta a comunidade de sujeitos de direito e, além disso, a força vinculante de deveres jurídicos recíprocos. Só a restrição voluntária da soberania – sobretudo a renúncia a seu componente nuclear, o direito à guerra – pode fazer que partes contratuais se tornem membros de uma comunidade "constituída" politicamente. Com o banimento das guerras de agressão declarado voluntariamente, os membros de uma aliança entre os povos já aceitam uma obrigação imposta a si mesmos que tem uma força vinculante mais forte do que os costumes jurídicos e os tratados entre Estados mesmo sem um poder supranacional capaz de exigir seu cumprimento.

A aliança entre os povos e o banimento da guerra estão na lógica de um desenvolvimento ligado ao *status* de *membro* dos sujeitos de direito internacional. No início existe apenas uma comunidade de Estados constituída de forma "fraca" em comparação com o Estado republicano, que precisa ser complementada no plano transnacional por órgãos de regulação e de aplicação do direito, bem como por potenciais sancionatórios, se for se tornar uma comunidade com capacidade de atuação. Essa prioridade que as relações horizontais entre os membros desfrutam perante as capacidades organizadas de atuação aponta para a constitucionalização do direito internacional em uma direção oposta à da genealogia do Estado constitucional – partindo da socialização não hierárquica de sujeitos coletivos de ação em direção a organizações internacionais com capacidade de atuação em uma ordem cosmopolita. Esse sentido do desenvolvimento se manifesta hoje nos três exemplos mais impressionantes de

O Ocidente dividido

organizações internacionais, ainda que sejam exemplos bastante diferentes do que diz respeito à função e à estrutura. Não importa que eles se chamem "carta", "acordos" ou "Constituição". Os mais diferentes instrumentos contratuais que dão uma "Constituição" às Nações Unidas, à Organização Mundial do Comércio e à União Europeia têm um ponto em comum: dão a impressão de serem casacos curtos demais, que ainda precisam ser preenchidos por um corpo jurídico-organizacional mais forte, ou seja, com poderes supranacionais mais fortes, com algo da natureza das competências "estatais".

Essa extrapolação de uma *juridificação* do poder estatal substancial, que segue de maneira complementar ao *empoderamento* da comunidade de Estados soberanos acoplada de forma solta, pode nos impedir de prolongar, precipitadamente, a constitucionalização do direito internacional em direção ao objetivo de um *Estado* de povos global. O Estado federativo democrático em grande formato – a república mundial – é o modelo errado.

Isso porque não existe analogia estrutural entre, por um lado, a Constituição de um Estado soberano, que pode ele próprio determinar quais tarefas políticas são a ele atribuídas (ou seja, que dispõe sobre a competência de atribuir competência) e, por outro, a Constituição de uma organização mundial de fato inclusiva, mas circunscrita de forma precisa a apenas poucas funções. Um olhar para os atores históricos também sublinha essa assimetria entre a evolução do direito estatal e o direito cosmopolita. Os Estados que hoje se envolvem em uma cooperação regulada com outros Estados sob o preço da renúncia a sua soberania são atores coletivos e têm outros motivos e obrigações que aqueles revolucionários que uma vez fundamentaram os Estados constitucionais.

Jürgen Habermas

O ponto de partida do direito internacional clássico deixa para trás claros rastros na Carta das Nações Unidas. Ainda se trata de uma comunidade de Estados e povos que asseguram sua "igualdade soberana" reciprocamente (segundo o artigo 2º, parágrafo 1º). Por outro lado, em questões de segurança internacional – e nesse meio-tempo também de defesa e implementação dos direitos humanos –, a organização mundial se reserva às possibilidades de intervenção. Nesses dois campos da política, os Estados-membros atribuem ao Conselho de Segurança da ONU a competência para proteger os direitos dos cidadãos e, se for necessário, até mesmo contra os próprios governos. Por isso, hoje já seria coerente declarar a organização mundial como uma comunidade de "Estados e cidadãos". De forma parecida, a Convenção de Bruxelas apresentou seu projeto para uma constituição da Europa "em nome das cidadãs e cidadãos e dos Estados da Europa". A referência aos atores estatais faz justiça à posição forte que eles – na condição de sujeitos condutores do desenvolvimento – vão *manter* em uma ordem global de direito e de paz enquanto que a referência aos indivíduos aponta para os verdadeiros titulares do *status* cosmopolita.

7. *Política interna mundial sem governo mundial*

A referência dupla a atores coletivos e individuais marca uma diferença conceitualmente relevante entre a ordem jurídica de uma república federal mundial,[36] continuamente construída

---

36 Sobre a república federal mundial, ver Höffe, *Demokratie im Zeitalter der Globalisierung*; Gosepath; Merle (Orgs.), *Weltrepublik. Globalisierung und Demokratie*.

O Ocidente dividido

de forma individualista, e uma sociedade mundial constituída politicamente que reserva as instituições e os procedimento nos planos global e internacional para os Estados, com a finalidade de formar um "governo para além do Estado".[37] Nesse contexto, os *membros da comunidade de Estados* são de fato encorajados a agir de maneira concertada, mas não são encorajados a ser *Estados-membros*, ou seja, a ser rebaixados a meras partes de uma ordem hierárquica mais abrangente. No entanto, a autocompreensão estruturalmente modificada dos atores estatais, que restringiram sua soberania e que estão vinculados a normas de participação às quais consentiram, também não deixaria incólume o *modo* de negociação de acordos de interesse *entre Estados*, modo até hoje predominante nas relações internacionais e baseado essencialmente no poder e na influência.

À luz da ideia kantiana e partindo das estruturas hoje existentes, podemos pensar uma constituição política da sociedade mundial descentralizada como um sistema de múltiplos níveis em que, por boas razões, falta o caráter estatal *como um todo*.[38] Segundo essa representação, no *plano supranacional*, uma organização mundial reformada adequadamente conseguiria desempenhar de forma efetiva e não seletiva as funções vitais, mas especificadas precisamente, da manutenção da paz e da política de direitos humanos sem precisar assumir a forma estatal de uma república mundial. Num *plano transnacional* intermediário, no âmbito de conferências e sistemas de negociação permanentes, os grandes atores com capacidade de atuação global

---

37 Greven; Schmalz-Bruns (Orgs.), *Politische Theorie – heute*; Kohler-Koch (Org.), *Regieren in entgrenzten Räumen*; Jachtenfunds;Knodt (Orgs.), *Regieren in internationalen Organisationen*.

38 Habermas, *Die postnationale Konstellation*, p.156-68.

Jürgen Habermas

trabalhariam com os problemas difíceis de uma política interna mundial não só coordenadora, mas também configuradora, com especial atenção para os problemas da economia mundial e da ecologia. No entanto, com exceção dos Estados Unidos, faltam atores adequados que disponham de um mandato suficientemente representativo para negociar e o poder de implementação necessário. Nas diferentes regiões do mundo, os Estados nacionais precisariam se associar em regimes continentais do tipo da União Europeia, que passou a ser "capaz de agir na política externa". Nesse plano intermediário, as relações internacionais subsistiriam numa forma modificada – modificada já pelo fato de que, sob um regime efetivo de segurança das Nações Unidas, os *global players* também estariam impedidos de recorrer à guerra como meio legítimo para a resolução de conflitos.

O sistema de múltiplos níveis, esboçado aqui em seus contornos – um sistema que cumpre com os objetivos de manutenção da paz e de defesa dos direitos humanos da Carta das Nações Unidas no plano supranacional e que trata dos problemas de uma política interna mundial no plano transnacional, ao estilo da formação de acordos entre superpotências domesticadas –, serve para mim neste momento apenas para ilustrar uma alternativa *conceitual* a uma república mundial. A ideia de uma política interna mundial sem governo mundial no âmbito de uma organização mundial que poderia obrigar o reestabelecimento da paz e a imposição de direitos humanos só deve ser um exemplo para deixar claro que a "república mundial" ou o "Estado de povos" não se apresentam como as únicas instituições em que o projeto kantiano – indo além de um substituto para a liga das nações – pode tomar forma. Nem mesmo

O Ocidente dividido

o Estado constitucional ampliado para a escala global satisfaz as condições abstratas de um "estado cosmopolita".

Além disso, a argumentação feita até aqui permite a constatação de que o modelo da república mundial, utilizado para ilustrar a passagem do direito internacional para o direito cosmopolita, não apenas sugere uma ordem errada dos passos necessários, mas também propõe um objetivo problemático – mesmo no Estado constitucional ampliado para a escala global, Estado e Constituição ficam fusionados na mesma instituição. Os três elementos essenciais que de fato foram fusionados na forma historicamente bem-sucedida do Estado nacional europeu – o caráter estatal, a solidariedade cidadã e a constituição – se separam quando se está além do Estado nacional e precisam formar uma outra configuração completamente diferente se a sociedade mundial atual – rompida culturalmente e altamente estratificada – puder ter a sorte de adotar, realmente, uma constituição política.

O Estado não é uma condição necessária para a existência de ordens constitucionais. Assim, comunidades supranacionais como a ONU ou a União Europeia não dispõem daquele monopólio dos meios para o exercício legítimo da violência que serve como garantia para a soberania interna e externa do Estado jurídico, administrativo e fiscal moderno; no entanto, elas reivindicam a primazia do direito supranacional em relação às ordens jurídicas nacionais. O direito europeu estabelecido em Bruxelas e em Luxemburgo é especialmente respeitado pelos Estados-membros por mais que sejam eles que conservem os meios aquartelados de violência.

A tese do "atraso" da capacidade de atuação organizada pelo Estado, que teria ficado para trás da atuação em conjunto constituída politicamente pelos atores coletivos no âmbito das organizações internacionais, levanta a questão de se constituições desnacionalizadas ainda correspondem, de alguma forma, ao tipo republicano de Constituição. Se esse não for o caso, a "constitucionalização" do direito internacional também ganha um novo sentido. A partir dos exemplos da ONU, da OMC e da União Europeia, Hauke Brunkhorst analisa as "ordens jurídicas desnacionalizadas", sobretudo sob o ponto de vista do déficit democrático de um "império da lei sem autolegislação".[39] Em sua função de delimitação do poder, as constituições supranacionais fazem lembrar de modelos de uma tradição jurídica pré-moderna que lança raízes nos contratos das camadas de poder (a nobreza, a Igreja e as cidades) do início da Idade Moderna com o rei.

Um conceito de "Constituição" é formado nessa tradição, um conceito que objetiva a delimitação do poder político por meio da divisão distributiva dos poderes. A ideia de restrição recíproca e de balanceamento dos "poderes que governam" – já corporificada nos antigos parlamentos ou nas cortes e feita à medida para uma representação coletiva – é desenvolvida na teoria do Estado moderna no sentido da representação de uma "divisão" distributiva "do poder do governante" e passa a ser vinculada a conceitos individualistas – com a concepção de direitos humanos no liberalismo inglês, com uma divisão funcional dos poderes entre legislativo, executivo e judiciário no

---

39 Brunkhorst, Globale Solidarität: Inklusionsprobleme moderner Gesellschaften, p.605-26; Id., Globalizing Democracy without a State, p.675-90; Id., *Demokratie in der globalen Rechtsgenossenschaft*, Zeitschrift für Soziologie, caderno especial sobre a sociedade mundial (no prelo).

constitucionalismo alemão. Daí emergem duas variantes de um "império da lei" que limita o poder – *"rule of law"* e *"Rechtsstaat"*.

Tal como as constituições republicanas que Kant tinha em mente, esses tipos constitucionais liberais objetivam uma juridificação do poder político. Mas "juridificação" tem aqui o sentido de uma domesticação da violência por meio da divisão institucional e da regulação conforme o procedimento de relações de poder *existentes*, enquanto, em sua origem, as constituições revolucionárias derrubaram as relações de poder existentes em favor de um poder racional novo, *proveniente* da vontade dos cidadãos unidos e formada racionalmente.[40] Por esse lado, a juridificação do poder político ganha, ao mesmo tempo, o sentido que contraria uma tradição conservadora do direito constitucional, o sentido da racionalização de um poder estatal espontâneo, que supostamente persiste de forma substancial "por trás do direito".

8. *Constituição supranacional e legitimação democrática*

Até agora, procedimentos democráticos de legitimação mais ou menos confiáveis só foram institucionalizados no plano do Estado nacional; eles exigem um tipo de solidariedade cidadã que não pode ser estendido de qualquer maneira para além das fronteiras do Estado nacional. Por essa razão, constituições do

---

40 Christoph Möllers mostra como a compreensão constitucional liberal da "limitação do poder" se vincula com a compreensão constitucional genuinamente democrática da "fundamentação do poder": Möllers, Verfassungsgebende Gewalt – Verfassung – Konstitutionalisierung. Begriffe der Verfassung in Europa, p.1-56.

tipo liberal são recomendadas para comunitarizações políticas que vão além do regime continental, como a União Europeia.[41]

Essas constituições regulam a atuação conjunta dos atores coletivos com o objetivo de limitar reciprocamente o poder, conduzem o jogo de poder pacificado de acordo com o procedimento para os trilhos da conformidade com os direitos humanos e deixam para os tribunais as tarefas de aplicação e de formação do direito sem um envolvimento direto com demandas e controles democráticos. Então aqui a "constitucionalização" do direito internacional não tem o sentido *republicano* de uma juridificação das relações internacionais. Brun-Otto Bryde tem essa importante diferenciação em mente quando esclarece o conceito de constitucionalização do direito internacional, com a ajuda da diferenciação entre constituição e Estado da seguinte forma:

> É claro que o *caráter estatal* da constituição não pode existir no plano internacional, mas provavelmente pode existir *constitutionalism*; além disso, não pode existir o *caráter do Estado* de direito, mas provavelmente pode existir *rule of law*; não pode existir um princípio do *Estado* social, mas provavelmente pode existir *social justice* [...] Este componente falta no conceito de "democracia", mas ele é reinterpretado, na medida em que traduzimos "demos" por "povo do Estado", [...] enquanto, em inglês, o poder internacional também pode emanar '*from the people*'.[42]

---

41 Frankenberg, Die Rückkehr des Vertrages. Überlegungen zur Verfassung der Europäischen Union, p.507-38.

42 Bryde, Konstitutionalisierung..., p.62.

O Ocidente dividido

É claro que esta última consequência não é compreendida nela mesma. Isso porque, na tradição liberal de Locke até Dworkin, o conceito de Constituição de forma alguma se vincula sem tensões com a fonte de legitimação do procedimento democrático. Em última análise, apoia-se na base dos direitos humanos que valem "pela natureza". Mas essa posição é praticamente indefensável sob as condições do pensamento pós-metafísico. Em comparação, a compreensão republicana da Constituição tem a vantagem de fechar essa lacuna de legitimação. Em sua forma de leitura teórico-discursiva, opera com o cruzamento conceitual dos princípios de soberania popular e de direitos humanos e ancora a legitimidade das leis – inclusive das leis fundamentais que justificam o império da lei – na força produtora de legitimidade do caráter simultaneamente deliberativo e representativo do procedimento democrático de formação da opinião e da vontade institucionalizado no Estado constitucional.[43] Mas essa engrenagem necessária à legitimação precisaria se soltar da democracia e do poder organizado pelo Estado com um completo desacoplamento das constituições supranacionais. Os contornos normativos de constituições desnacionalizadas devem, portanto, permanecer ligados aos fluxos de legitimação dos *Estados* constitucionais, se eles quiserem ser mais do que uma fachada jurídica hegemônica.

Afinal, as constituições supranacionais se apoiam em direitos fundamentais, princípios jurídicos e crimes que resultaram

---

43 Habermas, *Faktizität und Geltung*, p.151-65; Id., Über den internen Zusammenhang von Rechtsstaat und Demokratie, p.293-305; Id., Der demokratische Rechtsstaat – eine paradoxe Verbindung widersprüchlicher Prinzipien?, p.133-51.

de processos de aprendizagem democráticos e que foram testados no âmbito de Estados nacionais democraticamente constituídos. Nesse sentido, do ponto de vista da origem histórica, retiram sua substância normativa de constituições do tipo republicano. Isso não vale apenas para a Carta das Nações Unidas, que já foi incluída na Declaração Universal dos Direitos do Homem, mas para o próprio complexo contratual do Gatt e da OMC. Além dos princípios comuns (como não discriminação, reciprocidade, solidariedade etc.), a prática de regulação e de resolução de litígios da Organização Mundial do Comércio também respeita cada vez mais a defesa dos direitos humanos.[44] Nesse sentido, a constitucionalização do direito internacional mantém um *status* derivado e dependente das operações de legitimação também instituídas pelos Estados constitucionais democráticos.

Como Kant já tinha visto, no fim das contas a organização mundial só vai conseguir fazer jus a suas tarefas quando todos os Estados-membros desprenderem suas constituições democráticas do caráter meramente nominal. E, no plano transnacional, os sistemas de negociação que – como a OMC e outras instituições do sistema da economia mundial – permitirem uma formação política da vontade[45] só vão conseguir conduzir algo parecido a uma política interna mundial quando existir uma multiplicidade de repúblicas estruturadas em federação e com capacidade de atuação global, em que os caminhos para a legitimação do processo democrático sejam continuamente

---

44 Dolzer, Wirtschaft und Kultur im Völkerrecht, p.502-19.

45 Ver o *Special Report on the WTO Cancun Ministerial*, de 26 de setembro de 2003 (info@globalservicenetwork.com).

O Ocidente dividido

ampliados para níveis superiores, desde o plano dos Estados nacionais até o plano desse regime continental. Nesse sentido, o "aprofundamento" das instituições europeias que está na ordem do dia (ainda que de forma alguma seja iminente) poderia assumir a função de modelo a ser seguido.

A constitucionalização do direito internacional limitadora do poder, mas desnacionalizada, só será suficiente para as condições de legitimação de um "Estado cosmopolita" quando conseguir uma "retaguarda" indireta tanto no plano da ONU quanto no plano dos sistemas transnacionais de negociação, por meio de processos de formação da opinião e da vontade que só conseguem ser completamente institucionalizados em Estados constitucionais – tão complexos quanto esses Estados federativos de dimensões continentais podem ser. A fraca constitucionalização desnacionalizada continua dependente do suprimento de legitimação por parte das ordens constitucionais centradas no Estado. Só aqui a parte de organização da constituição assegura aos cidadãos – por meio de esferas públicas institucionalizadas, eleições, parlamentos e outras formas de participação – um acesso igualitário às decisões politicamente vinculantes do governo. Só no interior de Estados constitucionais democráticos existem providências jurídico-organizacionais para uma inclusão igualitária dos cidadãos no processo legislativo. Onde elas faltam, como nas constituições supranacionais, há sempre o risco de que os interesses "dominantes" passem a valer de forma hegemônica sob o escudo das leis imparciais predominantes.

Agora pode ser que um acoplamento na legitimação interna ao Estado dos governos participantes seja suficiente para a necessidade de legitimação dos sistemas transnacionais de negociação, partindo do pressuposto de que as constituições desses sistemas são adequadas à limitação e à equiparação do poder.

Nesse plano transnacional, as grandes potências vão corresponder mais às expectativas de comportamento cooperativo e de justiça quanto mais elas se entenderem como membros de uma comunidade global de Estados já no plano supranacional – e também devem ser percebidas nesse papel pela perspectiva das próprias esferas públicas nacionais diante das quais elas precisam se legitimar. Mas por que o direito hegemônico dos mais fortes (que hoje é até mesmo explicitamente reconhecido no direito de veto dos membros permanentes do Conselho de Segurança) não deveria novamente se fortificar detrás da fachada da organização mundial?

Brunkhorst responde a essa questão apontando para a função de substituição desempenhada por uma esfera pública mundial fortalecida, ainda que sua influência seja apenas informal: A "atividade espontânea de uma esfera pública fraca" que "não tem qualquer acesso jurídico-organizacional assegurado às decisões vinculantes" ao menos abre o caminho para a legitimação de um "acoplamento frouxo entre discussão e decisão".[46] Em nosso contexto, não se trata da questão empírica de quão forte é de fato a pressão por legitimação produzida pelos meios de comunicação e por organizações não governamentais, mobilizada pelos movimentos sociais e políticos numa esfera pública global e exercida sobre a política da organização mundial e sobre as decisões dos tribunais internacionais. Trata-se muito mais da questão teórica de se a formação

---

46 Brunkhorst, Globalizing Democracy....

O Ocidente dividido

global da vontade – sem dispor de caminhos constitucionalmente institucionalizados de conversão da influência produzida comunicativamente em poder político – consegue oferecer uma integração suficiente à sociedade cosmopolita e uma legitimação suficiente à organização mundial.

Felizmente, o limiar que precisa ser ultrapassado para que essas exigências funcionais possam ser cumpridas não é intransponível. Se a comunidade de povos se restringir às funções de garantir a paz e de proteger os direitos humanos, não será preciso que a solidariedade dos cidadãos mundiais se apoie em valorações e práticas éticas "fortes" de uma cultura política e de uma forma de vida compartilhadas, tal como é exigido da solidariedade cidadã.

Basta uma consonância da indignação moral a respeito de violações massivas aos direitos humanos e de evidentes violações à proibição de atos militares de agressão. Para a integração de uma sociedade de cidadãos mundiais, bastam os sentimentos negativos de reações unânimes aos atos da criminalidade de massa. Por fim, deveres claramente negativos de uma moral universal de justiça – o dever de se abster de guerras de agressão e de crimes contra a humanidade – também formam o critério para a jurisprudência dos tribunais internacionais e para as decisões políticas da organização mundial. Essa base de julgamento ancorada em disposições culturais comuns é estreita, mas viável. Fundamentalmente, é suficiente para uma focalização de posicionamentos normativos por todo o mundo a respeito da agenda da comunidade de Estados e confere força para a legitimação das reações fortalecidas pelos meios de comunicação de uma esfera pública mundial novamente estimulada de forma pontual.

Jürgen Habermas

9. *Tendências convergentes*

Kant concebe a paz mundial duradoura como implicação de uma juridificação completa das relações internacionais. Os mesmos princípios que ganharam forma pela primeira vez nas constituições dos Estados republicanos também devem estruturar esse Estado cosmopolita – direitos civis e direitos humanos iguais para todos. Para Kant, essa ideia do Estado cosmopolita ganha forma concreta na constituição de uma república mundial. No entanto, ele estava preocupado com a tendência de um poder nivelador, se não até mesmo despótico, que parece ser inerente à estrutura de uma república mundial. É por isso que ele invoca um substituto da liga das nações. Se um detentor global do monopólio da violência de um Estado de povos que tudo nivela se apresenta como a única alternativa ao cenário de Estados soberanos justapostos, então parece melhor realizar a ideia do Estado cosmopolita mantido não por meio do direito coercitivo, mas na forma fraca de uma associação voluntária de repúblicas que desejam a paz. Eu quis mostrar que a alternativa que obriga Kant a essa conclusão não é completa. Se concebermos a ideia da juridificação do estado de natureza entre os Estados de forma suficientemente abstrata e não a sobrecarregarmos com falsas analogias, um outro caminho de realização de uma outra forma de constitucionalização do direito internacional – uma forma ampliada em torno de ideias liberais, federalistas e pluralistas – se apresenta como *conceitualmente possível*.

De toda forma, o direito internacional se desenvolveu nesse sentido no âmbito de uma sociedade mundial altamente complexa e de um sistema de Estados altamente interdependente, diante de tecnologias de guerra e riscos à segurança

O Ocidente dividido

modificados, diante do desafio das experiências histórico-morais do extermínio dos judeus europeus, bem como diante de outros excessos. É por isso que a possibilidade conceitual de um sistema político de múltiplos níveis – que não assume qualquer qualidade estatal no todo, mas que, mesmo sem um governo mundial que detenha o monopólio da violência, consiga assegurar a paz e os direitos humanos no plano supranacional, bem como tratar dos problemas de uma política interna mundial no plano transnacional – não permanece mera especulação. No entanto, o estado paralisante de um mundo tomado pela violência é motivo suficiente para zombar desses sonhos de um visionário. E isto é verdade: uma ideia de Estado cosmopolita, tão bem fundamentada normativamente, permanece uma promessa vazia e enganosa sem a referência realista ao contexto de incorporação das tendências convergentes.

Kant também sabia disso e, por mais que ele atribuísse validade categórica a frases morais como "a guerra não deve existir", ele fez reflexões histórico-filosóficas com o propósito heurístico de dar probabilidade e plausibilidade empírica à ideia de Estado cosmopolita. As tendências que ele diagnosticou à época não estavam apenas "por vir". Em retrospectiva, o caráter pacífico dos Estados democráticos, a força pacificadora do comércio mundial e a função crítica da esfera pública mostram seu caráter ambíguo. Em geral, as repúblicas de fato se comportaram de forma pacífica em relação a outras repúblicas, mas não ficaram para trás do poder militar de outros Estados. O desencadeamento do capitalismo não trouxe consequências inquietantes apenas no tempo do imperialismo, nem fez com que a modernização se cruzasse com um subdesenvolvimento desenraizador dos perdedores do processo de modernização.

Jürgen Habermas

E uma esfera pública dominada por meios eletrônicos de comunicação de massa não serve menos à manipulação e à doutrinação do que o esclarecimento (ainda que frequentemente a televisão privada assuma uma triste função de vanguarda).

Se nós quisermos fazer justiça à contínua relevância do projeto kantiano, precisamos abandonar as parcialidades que estão no horizonte contemporâneo. Kant também foi um homem de seu tempo e se viu às voltas com um certo daltonismo:

- Kant ainda está aquém da nova consciência histórica, que só chegou ao poder por volta de 1800, e permanece insensível à percepção apurada das diferenças culturais do início do romantismo. Assim, ele relativiza imediatamente sua própria referência à força de divisão das diferenças religiosas com a observação de que podem existir diferentes livros religiosos e tipos distintos de crença historicamente marcadas, mas só pode haver "uma única religião válida para todas as pessoas e em todas as épocas".[47]
- Kant está tão próximo do espírito de um esclarecimento abstrato que a força explosiva do nacionalismo lhe é vedada. Pela primeira vez, desperta à época uma ampla consciência política acerca do pertencimento étnico a comunidades linguísticas e de descendência que, na condição de consciência nacional, causa estragos não só na Europa ao longo do século XIX, mas também tem influência na dinâmica imperialista dos Estados industriais que estavam chegando no além-mar.

---

47 Kant, *Zum Ewigen Frieden*, nota de rodapé na p.225-6.

O Ocidente dividido

- Kant compartilha com seus contemporâneos da convicção "humanista" da superioridade da civilização europeia e da raça branca. Ele desconhece o alcance da natureza particular de um direito internacional que, na época, era feito sob medida para um pequeno número de Estados privilegiados e povos cristãos. Só essas nações se reconheciam reciprocamente como titulares de direitos iguais; elas dividiam o resto do mundo em esferas de influência entre si para fins colonizatórios e missionários.
- Kant ainda não está consciente da importância da circunstância de que o direito internacional europeu estava incorporado numa cultura cristã comum.

Até a Primeira Guerra Mundial, a força vinculante desse pano de fundo de orientações de valor implicitamente compartilhadas foi forte o suficiente para manter o uso da força militar mais ou menos dentro das fronteiras de uma guerra disciplinada por meio do direito.

O provincianismo da consciência situada historicamente sobre o futuro não é uma objeção contra a abordagem universal da teoria kantiana da moral e do direito. Os pontos cegos revelam uma seletividade inteligível historicamente *na aplicação* dessa operação cognitiva de universalização e na tomada recíproca de perspectivas a que Kant atribui à razão prática e que coloca na base do desenvolvimento cosmopolita do direito internacional.

Jürgen Habermas

II. Constitucionalização do direito internacional ou ética liberal da potência mundial

1. A história do direito internacional à luz dos desafios atuais

Com o privilégio epistêmico imerecido das gerações posteriores, com uma distância de duzentos anos, vamos olhar para trás, para um desenvolvimento dialético do direito internacional europeu. Nessa evolução do direito, as duas guerras mundiais do século XX, bem como o final da Guerra Fria, formam pontos de viragem, ainda que o último ponto de viragem não deixe reconhecer um padrão claro, em comparação com os dois anteriores. As duas guerras mundiais são divisores de água em torno dos quais as antigas esperanças desmoronam, mas também em torno dos quais novas esperanças surgem. A Liga das Nações e as Nações Unidas são grandes conquistas – ainda que arriscadas e reversíveis – no penoso caminho em direção a uma constituição política da sociedade mundial. A Liga das Nações desmorona quando o Japão conquista a Manchúria e quando a Itália anexa a Abissínia – e assim que as preparações agressivas de guerra de Hitler são compensadas com a anexação da Áustria e dos Sudetos. Ao menos desde a guerra da Coreia, o trabalho das Nações Unidas é paralisado – quando não completamente silenciado – pela confrontação das potências mundiais e pelo bloqueio do Conselho de Segurança.

O terceiro ponto de viragem, o colapso do regime soviético, também abriu esperanças acerca de uma nova ordem mundial sob direção da organização mundial. Com uma série de intervenções humanitárias, com a finalidade de manter ou de obrigar a paz, com a criação de tribunais para julgar os crimes de guerra e

O Ocidente dividido

o julgamento de violações de direitos humanos, as Nações Unidas parecem finalmente ter adquirido capacidade de atuação. Mas, ao mesmo tempo, acumulam-se os retrocessos e também os ataques terroristas que, no fim das contas, são interpretados pelos Estados Unidos e por seus aliados como uma "declaração de guerra" ao Ocidente. O desenvolvimento que levou as tropas de coalizão a invadir o Iraque em março de 2003 cria uma situação ambígua sem qualquer paralelo na história do direito internacional. Por um lado, uma superpotência que acredita poder implementar sua vontade sozinha e, caso seja necessário, por meio do poder militar, reivindica o direito de exercer a autodefesa segundo seus próprios critérios, ou seja, independentemente das resoluções do Conselho de Segurança. O membro mais poderoso das Nações Unidas desafia sua norma fundamental, a proibição de violência. Por outro lado, a organização mundial não se desfaz com isso, mas, como parece, ela sai desse conflito com autoridade fortalecida internacionalmente.

Seria essa situação obscura um sinal indicando que os avanços na constitucionalização do direito internacional sofreram dois retrocessos desastrosos, mas que, ainda assim, ganharam uma dinâmica normativamente obstinada? A renúncia diplomática à controvérsia pública sobre o futuro do direito internacional favorece a formação de um véu retórico cinzento por trás do qual, em pouco tempo, uma fusão irritante do direito constitucional mundial com o direito hegemônico de uma superpotência poderia se consumar – ou uma constelação de uma concorrência a céu aberto *à la* Carl Schmitt, igualmente assustadora, poderia se formar. O abrandamento propagandístico de um conceito bem definido de "ataque armado" e o discurso eufemístico da "adaptação" do direito internacional a novos riscos não prometem nada de bom quando se vê que as revisões de fato inevitáveis oferecem um pretexto para efetivamente anular princípios do direito internacional.

A discriminação dos Estados cujos governos dão abrigo ao novo terrorismo internacional ou concedem apoio ativo a esses grupos não exige nem a erosão de um direito de legítima defesa estritamente delimitado ou mesmo a anulação de determinações centrais da Convenção de Genebra. E o combate interno efetivo do novo terrorismo tampouco exige uma limitação de direitos fundamentais que se aproximam de sua liquidação.[48] É claro que esse fantasma pode desaparecer de novo com uma troca de governo. Em última análise, o quadro sugere que a existência de um poder que usa sua superioridade militar, tecnológica e econômica para criar uma ordem mundial que lhe seja favorável do ponto de vista geoestratégico, segundo seus próprios conceitos de bem e mal dotados de conotação religiosa, é uma alternativa heurística útil – entre uma progressiva constitucionalização do direito internacional e sua substituição por uma ética liberal da grande potência.

Essa questão conduz o olhar para a história do direito internacional (e para as teorias do direito internacional) e a condução é para uma direção determinada. Para que possamos entender a alternativa e seu pano de fundo conceitual corretamente, o conceito de todo prejudicial da constitucionalização das relações internacionais, no sentido de uma transformação do direito internacional em uma constituição cosmopolita, se faz necessário. Kant atribui uma força *racionalizadora* do poder político à obstinação normativa do direito estabelecido e aplicado

---

48 Guillaume, Terrorism and International Law, p.537-48.

O Ocidente dividido

imparcialmente. Sem essa premissa, impõe-se o unilateralismo hegemônico que justifica decisões importantes não por meio do procedimento estabelecido, mas em razão de seus próprios valores – não como uma notória alternativa ética *ao* direito internacional, mas como uma variante imperialista tipicamente recorrente *no* direito internacional.

Segundo essa concepção, o direito internacional está limitado às funções da coordenação entre Estados porque ele mais espelha do que transforma as constelações de poder subjacentes. Ele só consegue exercer suas funções reguladoras, pacificadoras e estabilizadoras próprias a partir da base de relações de poder *existentes* e não dispõe da autoridade, nem de uma dinâmica própria que seriam necessárias para, por sua vez, empoderar uma organização mundial, averiguar e sancionar violações contra a segurança internacional e os direitos humanos. Sob essa premissa, o direito internacional forma um meio flexível para constelações de poder em mudança; mas ele não é um caldeirão em que a substância espontânea do poder poderia se dissolver. Assim, os tipos ideais do direito internacional variam com as constelações de poder dadas. Em uma das pontas do *continuum* está o direito internacional centrado no Estado, que expressa as relações multilaterais entre Estados soberanos; na outra ponta está o direito hegemônico de um poder imperialista que só se retira do direito internacional para, ao final, equipará-lo e incorporá-lo a seu próprio direito estatal nacional.[49]

---

49 Devo essa observação a Nico Krisch, *Imperial Law* (Ms, 2003).

Como devemos decidir entre diferentes concepções de direito internacional?[50] Elas concorrem entre si não só na disputa pela correta interpretação da história do direito internacional. Elas mesmas se encontram tão incorporadas ao contexto dessa história que, por sua vez, influenciam seu verdadeiro curso. A relação entre poder e direito não passa incólume pela autocompreensão normativa dos atores estatais e, portanto, não é uma constante que possa ser compreendida descritivamente. Isso fala contra um tipo de leitura sócio-ontológica segundo a qual as relações de poder são, *de uma vez por todas*, a chave hermenêutica para as relações jurídicas. Em contrapartida, a variante kantiana abre a possibilidade para que uma superpotência – se ela for democraticamente constituída e agir com perspicácia – nem sempre instrumentalize o direito internacional para seus próprios fins, mas que promova um projeto que a deixe de mãos atadas ao final. Poderia até mesmo ser de seu interesse de longo prazo não aterrorizar, com a ameaça de *pre-emptive strikes*, outras grandes potências que possam vir a existir no futuro, mas de estabelecer a tempo as regras de uma comunidade de Estados constituída politicamente.

2. *O poder da nação – Julius Fröbel antes e depois de 1848*

Um rápido olhar nos ensina sobre as tendências contrárias que até hoje determinaram a história do direito internacional. Durante o longo século XIX, a crença amplamente difundida na ideia de uma substância política indomável e a determinação

---

50 Ver o útil panorama feito por Bogdandy, Demokratie, Globalisierung, Zukunft des Völkerrechts – eine Bestandsaufnahme, p.853-77.

O Ocidente dividido

histórico-mundial de iniciativas pacifistas de Estados nacionais que decidem de forma soberana, que exigiam uma unificação da Europa, foram empurradas para o pano de fundo: "O povo como Estado é o espírito em sua racionalidade substancial e em sua realidade imediata e, portanto, o poder absoluto na Terra". Com essa afirmação estrondosa, Hegel – que trata o direito internacional (nos §§331-40 de sua *Filosofia do direito*) sob o título de "direito estatal externo", um título que permaneceu de maneira significativa na Alemanha – se volta contra a ideia de Kant de "uma paz perpétua por meio de uma liga de Estados que serve de intermediária para qualquer disputa". Isso porque a disputa entre Estados soberanos só poderia "ser decidida por meio da guerra",[51] uma vez que faltaria o pano de fundo ético da "sintonia" religiosa que os uniria. No entanto, a mudança de maré ideológica entre o liberalismo humanista esclarecido e o liberalismo com tendências nacionais só foi amplamente instituída na Alemanha depois da revolução fracassada de 1848.

Nesse sentido, a biografia e o histórico das obras de Julius Fröbel, nascido em 1805 e sobrinho do pedagogo reformador Friedrich Fröbel, têm um valor exemplar. Fröbel estudou em Iena com o kantiano Jakob Friedrich Fries e foi influenciado pela crítica da religião de Feuerbach. Ele era professor livre-docente de Geografia em Zurique, entrou em contato com o círculo dos hegelianos de esquerda por meio de Ruge, renunciou a sua atividade docente por razões políticas, virou editor

---

51 Não faltaram tentativas para salvar a herança hegeliana. Para uma das tentativas mais recentes, ver: Fine, Kant's Theory of Cosmopolitism and Hegel's Critique, p.611-32.

209

e, antes de integrar a Assembleia Nacional na Paulskirche como membro do partido de extrema esquerda "Donnersberg" e de, por fim, ter fracassado como membro do governo revolucionário de Baden, escreveu os dois volumes do *Sistema da política social*, publicado em 1847.[52]

Esse "direito do Estado" radicalmente democrata e inspirado por Kant e Rousseau se caracteriza por reflexões originais, muito à frente de seu tempo, sobre a estruturação de um Estado social e sobre o papel dos partidos políticos na formação democrática da vontade. Sua forma de entender a política deliberativa torna Fröbel o precursor de um tipo de leitura procedimentalista do Estado democrático de direito.[53]

No entanto, para o nosso contexto interessa a radicalização da ideia kantiana de estado cosmopolita pré-março [*Vormärz*] de 1848. Fröbel reage prontamente a uma ampla discussão desencadeada pelo escrito de Kant sobre a paz. Ele precisa defender a "exigência de justiça e da paz perpétua entre os Estados"[54] de Kant num clima político e intelectual que se modificou em relação ao estado de espírito humanista do século XVIII por causa de Hegel e da escola histórica. Ele expõe todo o seu saber antropológico, etnológico, geográfico e de história cultural sobre a diversidade das tribos, línguas e raças, uma vez que esses elementos "naturais" da vida social e cultural em certa medida

---

52 Em 1975, uma reimpressão fotomecânica foi publicada pela editora Scientia de Aalen: Fröbel, *System der socialen Politik*. Os dados biográficos foram tirados da "Introdução à reimpressão", escrita por Rainer Koch.

53 Habermas, Volkssouveränität als Verfahren (1988), p.600-31. Sobre o ponto discutido aqui, p.612 ss.

54 Fröbel, *System der socialen Politik*, v.II, p.458.

O Ocidente dividido

opõem um "elemento negativo" à socialização política cujo objetivo é a liberdade. Por mais que o curso da cultura "diferencie e misture" os povos alternadamente, permanece uma tensão entre as raízes genealógicas da etnia e da vontade da nação constituída politicamente. A Suíça serve de exemplo: "Os povos que baseiam sua existência principalmente na livre associação e na confederação geralmente se mantêm unidos apenas pela pressão externa, até que os componentes da coletividade tenham se desenvolvido um pouco".[55] A paixão de Fröbel se volta ao "momento ético, livre e propriamente político na existência dos povos" – à "fraternidade federativa escolhida livremente" (I, 245). Desde o início, o olhar está direcionado a uma federação de Estados, indo além do Estado nacional.

Enquanto é certo que a nação insiste em entender a si mesma como um fim em si, a consciência dos cidadãos mantém um "caráter patriótico limitado"[56] mesmo em Estados liberais. Em nome da "determinação individual para a qual cada um tem, por si só, um critério",[57] Fröbel se volta decididamente contra uma substancialização deste tipo do Estado e da nação. Apenas o respeito uniforme para com as pessoas entendidas individualmente e a solidariedade entre todas as pessoas servem para a "finalidade última da cultura". Esse ideal de humanidade deve tomar forma em uma federação global de Estados que abole a guerra na medida em que supera a oposição entre política nacional e internacional, entre direito estatal e direito internacional. Fröbel pinta a ideia kantiana do Estado

---

55 Ibid., v.I, p.246-7.
56 Ibid., *System der socialen Politik*, v.I, p.538.
57 Ibid., *System der socialen Politik*, v.I, p.57.

cosmopolita com as tintas carregadas de uma "confederação organizada democraticamente de todas as pessoas, o autogoverno universal do gênero humano do qual todos são conscientes na qualidade de moradores, proprietários e gerentes autônomos do planeta".[58] Por isso ele se orienta muito mais pelo sistema federativo dos Estados Unidos e especialmente pelo Estado de nacionalidades suíço do que pela estrutura centralizadora da república francesa.

A ideia de uma república mundial estruturada como federação não precisa se deixar representar pelo substituto *soft* da Liga das Nações. Com esse direito à guerra também desaparece a soberania de cada Estado que se transformou em membro e, como seu reverso, desaparece o princípio da não intervenção, que Fröbel entende ser apenas um "pretexto lastimável em momentos de fraqueza": "A questão continua sempre a mesma, se deve haver intervenções em favor da liberdade e da cultura ou de acordo com o interesse do egoísmo e da brutalidade".[59] Guerras só são permitidas "como revolução", ou seja, sob a forma de movimentos de libertação para a implementação da democracia e dos direitos civis. Por isso as facções de uma guerra civil merecem até mesmo o apoio de poderes interventores.[60]

São os tribunais internacionais que devem fiscalizar a conformidade ao direito de intervenções como essas.

O revolucionário procurado por mandado de captura precisou deixar a Alemanha em 1849. Quando ele voltou dos

---

58 Ibid., *System der socialen Politik*, v.II, p.469.
59 Ibid., v.I, p.250.
60 Ibid., v.II, p.462 ss.

O Ocidente dividido

Estados Unidos depois de oito anos de imigração, lá não tinha acontecido apenas – segundo as observações de L. A. von Rochau – uma transição mental para a *"Realpolitik"*. O próprio Fröbel tinha transformado as duras experiências de uma vida aventureira de imigrante de uma tal maneira que seus trabalhos se tornaram representativos da mudança do clima político.[61] Quando, em 1861 – ou seja, catorze anos depois do lançamento do *Sistema da política social* –, ele publica novamente dois volumes, agora sob o título de uma *Teoria da política*,[62] admite no prefácio ter renunciado à "ousadia do espírito revolucionário". Ele então segue Hegel e a Escola Histórica na concepção de que o Estado não existe para seus cidadãos, mas que, na qualidade de um poder ético organizado de forma orgânica e soberana, é um fim em si mesmo. Como os Estados não admitem qualquer liderança acima deles, na relação dos Estados entre si "o poder não provém do direito, mas o direito do poder".[63] Entre os Estados, o estado de natureza nada mais pode do que continuar a existir: "Por conseguinte, o Estado universal é uma ideia incondicional e simplesmente contraditória no que diz respeito à eticidade – não é que seja um ideal atrás do qual fica a realidade, mas uma aberração do pensamento – um erro do juízo ético".[64]

---

61 A sensibilização em torno da questão racial nos Estados Unidos fez que o renegado se tornasse um dos pioneiros do darwinismo social.

62 Impressão fotomecânica da edição de Viena feita pela editora Scientia de Aalen, 1975.

63 Fröbel, *Theorie der Politik*, v.I, p.331.

64 Ibid., p.328.

Jürgen Habermas

3. Kant, Woodrow Wilson e a Liga das Nações

É certo que Fröbel era um *outsider* acadêmico, mas seu juízo preciso sobre o projeto kantiano não apenas antecipa uma das teses principais de Adolf Lasson, estudioso de Hegel.[65] Ele expressa a convicção de fundo dominante entre muitos professores alemães de direito constitucional entre 1871 e 1933.[66]

Diante de "negadores" proeminentes do direito internacional, que vão desde Erich Kaufmann até Carl Schmitt, a influência de internacionalistas como Walther Schücking e Hans Kelsen foi marginal. A longa sombra do nacionalismo e da doutrina da razão de Estado ainda paira sobre aquelas iniciativas liberais que derivam da profissão do direito internacional nos países ocidentais. M. Koskenniemi dedicou dois capítulos importantes de sua imponente história do direito internacional aos esforços honestos e, em última análise, ambivalentes dos juristas que se reuniam em torno do Institut de Droit International e da *Revue de Droit International et de Législation Comparée* desde a década de 1860. Muitos deles vão participar do trabalho das conferências de paz em Haia. Até aquele momento – apesar da Convenção de Genebra de 1864 –, o *jus in bello* (a civilização das ações de guerra restritas apenas aos combatentes, a proibição de traição, a proteção aos civis e aos feridos, o tratamento humano dos presos de guerra, a proteção aos bens culturais etc.) ainda não tinha sido regulado universalmente:

---

65 Lasson, *Prinzip und Zukunft des Völkerrechts.*

66 Koskenniemi, *The Gentle Civilizer of Nations: The Rise and Fall of International Law 1870-1960*, p.179-265.

O Ocidente dividido

"*Indeed, the laws of war have perhaps never before nor since the period bet-ween 1870 and 1914 been studied with as much enthusiasm*".[67]

Esses liberais com intenções nacionais partiam do pressu-posto de que a profissão do jurista internacionalista tinha a vocação de dar voz à consciência política da humanidade. A existência e a independência dos Estados nacionais também eram algo evidente para eles; mas só os Estados europeus per-tenciam a um círculo cultural em que os ideais do Esclareci-mento, dos direitos humanos e dos princípios humanitários poderiam contar com ressonância. Só as sociedades civiliza-das pareciam estar suficientemente preparadas para pertencer à comunidade internacional de Estados com direitos iguais. É verdade que os internacionalistas não eram insensíveis ao lado brutal do colonialismo, mas, de acordo com seu ponto de vista, cabia aos europeus o papel de fazer avançar o processo civili-zatório em outras partes do mundo. Da perspectiva da supe-rioridade do Ocidente branco, devia parecer bastante natural que as potências coloniais regulassem as reivindicações que tinham entre si por meio de contrato, mas que não agissem da mesma forma nas relações com as colônias. O desnível ci-vilizatório existente e a missão educadora que resultava desse desnível deveriam explicar por que o universalismo dos prin-cípios de direito internacional seria compatível com a lógica da exclusão intrínseca ao colonialismo.

No fim das contas, agora a profissão jurídica não ti-nha apenas assumido a configuração dogmática do direito

---

67 Ibid., p.87. ["De fato, talvez as leis de guerra nunca tenham sido es-tudadas com tanto entusiasmo antes, nem mesmo desde o período entre 1870 e 1914" – N. T.]

internacional, mas também foi bem-sucedida no engajamento jurídico-político – principalmente no âmbito do direito internacional humanitário. Por isso foi ainda maior o choque que a disseminação sem precedentes da violência e as guerras de trincheira e as batalhas massivas da Primeira Guerra Mundial (com a utilização de tanques, gás, lança-chamas etc.) deixaram na população europeia. A primeira guerra "total" arruína todos os esforços de contenção jurídica da força militar na guerra. Essa revogação com escárnio das conquistas das conferências da paz de Haia forma um dos lados do primeiro grande ponto de viragem na história do direito internacional clássico; o outro lado é a iniciativa de Woodrow Wilson de fundação da Liga das Nações, promovida por meio do choque da guerra. O longo século XIX acabou com um abalo histórico que preparou o terreno para o improvável início de uma constitucionalização do direito internacional.

Com a criação da Liga das Nações, pela primeira vez o projeto kantiano chega à ordem do dia da política prática. Logo em seguida, ele se torna tema de importantes controvérsias disciplinares entre constitucionalistas e internacionalistas.[68] A ideia de Kant só teve efeito jurídico-político e na teoria do direito depois do horror da Primeira Guerra Mundial. No entanto, numa Europa esgotada e que tinha se esvaído em sangue, as palavras de ordem do movimento pacifista encontraram maior ressonância na esfera pública do que entre os governos. Foi necessária a iniciativa do presidente americano que, como

---

68 Hans Kelsen e Carl Schmitt discutem com George Scelle e Hersch Lauterpacht.

O Ocidente dividido

jurista formado, estava preparado para implementar um pensamento filosófico na prática.

Sob a influência de internacionalistas progressistas, em especial do Women's Peace Party, bem como dos radicais britânicos da Union of Democratic Control,[69] já durante a guerra Wilson tinha desenvolvido o programa de uma liga para a paz como peça central de uma ordem do pós-guerra e apresentou-o publicamente em maio de 1916, diante da American League to Enforce Peace. Contra os aliados hesitantes, ele conseguiu colocar na balança o peso de uma superpotência que pela primeira vez tinha intervindo de forma decisiva nos conflitos europeus.

Depois que um armistício foi acordado em novembro de 1918 por intermediação americana, três meses depois Wilson assumiu a presidência de uma comissão para criação da Liga das Nações, que apresentou um projeto de estatuto logo depois de onze dias de trabalho. Na Alemanha, estudiosos e intelectuais engajados politicamente, como Karl Vorländer, Karl Kautsky e Eduard Spranger, imediatamente reconheceram a concepção de Liga das Nações kantiana nos discursos de Wilson.[70] É verdade que Wilson nunca fez referência direta ao escrito *À paz perpétua* de Kant, mas uma série de indícios convincentes comprova que essa fonte lhe devia ser familiar.[71] Essa dívida intelectual atribuída a Kant não deriva apenas dos objetivos políticos, mas sobretudo da organização e da composição da Liga das Nações. O banimento da guerra, que atentava contra a substância do

---

69 Knock, *Woodrow Wilson and the League of Nations*, capítulo IV.

70 Beestermöller, *Die Völkerbundidee*, p.16 ss.

71 Ibid., p.101 ss.

direito internacional da época, significa um salto quântico na evolução do direito. O artigo 11, parágrafo 1º do estatuto da Liga das Nações (composto de apenas 26 artigos), determina "que cada guerra e cada ameaça de guerra, independentemente de um membro da Liga ser afetado diretamente ou não, é um assunto da Liga como um todo". Nenhum membro da Liga pode permanecer neutro. Essa obrigação dos associados é seguida pela proibição absoluta de guerra, estabelecida em 1928 no artigo 1º do Pacto Briand-Kellog, em que juristas norte-americanos tiveram novamente uma participação decisiva.

De acordo com o modelo kantiano, a Liga das Nações deve alcançar esse objetivo por meio do caminho da obrigação voluntariamente autoimposta por Estados soberanos, mas também democráticos e de caráter pacífico.

A federação também deve combinar a soberania estatal com a solidariedade entre Estados com base na autodeterminação democrática dos povos organizados em Estados nacionais. Aparentemente, Wilson não reconhecia a força explosiva do princípio da nacionalidade que iria embasar uma ampla reordenação territorial da Europa e do Oriente Médio nos tratados de Paris. Inglaterra, França, Itália, Japão e os Estados Unidos (ainda que os Estados Unidos não tenham ratificado os tratados) foram previstos como membros permanentes da assembleia geral da Liga das Nações. Wilson vê nesses países a vanguarda de uma nova ordem mundial fundamentada no Estado de direito e na autodeterminação democrática. Uma visão liberal também determina os critérios materiais para a admissão de novos membros. Assim como para Kant, só a introdução de um Estado jurídico cosmopolita significa a abolição definitiva da

O Ocidente dividido

guerra: *"What we seek is the reign of law, based on the consent of the governed, and sustained by the organized opinion of mankind"*.[72]

As determinações para a prevenção de guerras do artigo 8-17 estabeleceram um sistema de segurança coletiva na base de obrigações de assistência mútua, restrições ao armamento, sanções econômicas e procedimentos para a resolução pacífica de disputas (por meio de um tribunal arbitral, de um tribunal internacional ou pela assembleia geral).[73] Mas sem a codificação de um novo crime de "guerra de agressão", sem um tribunal internacional com a competência correspondente para julgar esses crimes e sem uma instância supranacional disposta e capaz de implementar sanções efetivas contra Estados sem disposição para a paz, a Liga das Nações não teria como se opor às agressões do Japão, da Itália e da Alemanha (que se retirou da Liga das Nações), que posteriormente formariam as "potências do Eixo". Ela ficou paralisada por muito tempo quando a Alemanha fascista deu início a uma guerra mundial que não apenas atingiu a Europa fisicamente como devastou-a materialmente. Uma ruptura civilizatória que vai mais fundo do que as destruições de guerra feriu a cultura e a sociedade alemãs em seu núcleo moral – e desafiou a humanidade como um todo.

---

72 Baker (Org.), *The Public Papers of Woodrow Wilson*, p.233. ["É o império do direito que nós buscamos, baseado na autorização dos governados e sustentado pela opinião organizada da humanidade" – N. T.]

73 Verdross; Simma, *Universelles Völkerrecht*, p.66 ss.; Klein, Die internationalen und supranationalen Organisationen, p.273 ss.

Jürgen Habermas

4. A Carta da ONU é uma "Constituição da comunidade internacional"?

De agora em diante, a desgraça a ser evitada não é mais só a guerra sem limites, a guerra total, mas uma descivilização da violência até então inimaginável, a dissolução de barreiras elementares e "intransponíveis" até então, a trivialização massiva do mal abissal. Confrontado com essa nova desgraça, o direito internacional não conseguiu mais se ater àquelas premissas com as quais o mandamento de não intervenção fica de pé ou cai. Os crimes de massa cometidos sob o regime nacional-socialista que culminaram com o extermínio dos judeus europeus e a criminalidade de Estado exercida em geral pelos regimes totalitários contra sua própria população tiraram o chão do princípio da presunção de inocência dos sujeitos de direito internacional soberanos. Os crimes monstruosos levaram a atribuição de indiferença moral e penal às ações estatais *ad absurdum*. Os governos não podiam mais desfrutar de imunidade juntamente com seus funcionários públicos e ajudantes. Em antecipação a delitos que seriam posteriormente incorporados no direito internacional, os tribunais militares de Nuremberg e de Tóquio condenaram representantes e funcionários do regime vencido por crimes de guerra, pelo crime de preparação de uma guerra de agressão e por crimes contra a humanidade. Esse foi o início do fim do direito internacional como um direito dos Estados. Foi, ao mesmo tempo, uma mudança de curso moral do longo processo de habituação à ideia de criar um tribunal penal internacional.

Ainda durante a guerra, Roosevelt e Churchill exigiram, na Carta do Atlântico, "a criação de um sistema abrangente e

O Ocidente dividido

duradouro de segurança geral". Depois da Conferência de Ialta, as quatro potências vencedoras convidaram para a conferência de fundação em San Francisco. Depois de apenas dois meses, os 51 membros fundadores aprovaram, no dia 25 de abril de 1945, a Carta das Nações Unidas de forma unânime.

Apesar do grande entusiasmo no ato festivo de fundação, de forma alguma havia acordo sobre se a nova organização internacional deveria ir além da intenção direta de prevenção de guerras e dar início à transformação do direito internacional em um direito constitucional mundial. De forma retrospectiva, podemos constatar que a vanguarda representada na comunidade de Estados em San Francisco ultrapassou o limiar em direção a uma constitucionalização do direito internacional, se a entendermos no sentido especificado anteriormente:

> No constitucionalismo [...], o objetivo é a limitação da oni-potência do legislador – e, no sistema de direito internacional, os legisladores são, em primeiro lugar, os Estados que determinam o direito – por meio de princípios superiores, principalmente o dos direitos humanos.[74]

Em comparação com o fracasso vergonhoso da Liga das Nações no período entre guerras, a segunda metade do curto século XX é caracterizada por uma oposição irônica – o contraste entre, por um lado, significativas inovações de direito internacional e, por outro, aquelas constelações de poder da Guerra Fria que bloquearam a efetividade prática dessas conquistas. Sem dúvida, nós observamos um movimento dialético

---

74 Bryde, Konstitutionalisierung..., p.62.

parecido com o momento durante a Primeira Guerra Mundial e depois dela: a regressão durante a guerra, um impulso de inovação depois da guerra e, no nível então alcançado, novamente uma decepção mais profunda. Também podemos descrever dessa forma a incapacidade de atuação da organização mundial bloqueada desde a Guerra da Coreia. Mas dessa vez se trata de uma paralisação tensa no plano político e não do retrocesso em relação ao próprio nível que o direito internacional alcançou. A continuidade da Organização das Nações Unidas dá até mesmo a impressão de *business as usual*. De qualquer forma, ela oferece a moldura institucional para uma produção normativa constante.

Ainda que inicialmente tenham sido ineficazes, as inovações do direito internacional – sobre as quais falaremos a seguir – levadas adiante desde 1945 ultrapassam o substituto kantiano de uma federação voluntária de repúblicas independentes. Mas, em vez de apontarem na direção de uma república mundial monopolizadora da violência, elas apontam – ao menos de acordo com suas reivindicações – na direção de um regime de paz e de direitos humanos sancionado no plano supranacional que, com uma progressiva pacificação e liberalização da sociedade mundial, deve criar as condições para uma política interna mundial sem governo mundial que funcione no plano transnacional. Na literatura jurídica, a questão sobre se a Carta da ONU pode ser interpretada como uma Constituição é, sem dúvida, altamente controversa.[75]

---

75 Fassbender, The United Nations..., menciona oito características constitutivas de uma Constituição: "A Constitutive Moment, System of Governance, Definition of Membership, Hierarchy of Norms, 'Eternity' and Amendment, A 'Charter', Constitutional

O Ocidente dividido

Eu não sou especialista e restrinjo-me a destacar as três novidades normativas que, em primeiro lugar, conferem à Carta das Nações Unidas qualidades constitucionais, em comparação com o estatuto da Liga das Nações. Isso não significa que a Carta apresente, de saída, uma Constituição global ou que essa tenha sido a intenção dos que a aprovaram. Como um quadro enigmático, a redação da Carta está aberta tanto a uma leitura convencional como também a uma interpretação que a entenda como constituição. E isso ocorre principalmente em razão de três características:

- o entrelaçamento explícito entre o objetivo da manutenção da paz com uma política de direitos humanos;
- o vínculo entre a proibição de violência e a ameaça realista de condenações penais e sanções;
- o caráter inclusivo da organização mundial e a universalização do direito por ela estabelecido.

No entanto, a questão atual sobre se as Nações Unidas têm uma Constituição que força os Estados-membros a modificar sua autocompreensão de maneira construtiva só se impôs sob as condições que entraram em cena desde 1989/1990. O tema só desenvolve um efeito polarizador no interior da disciplina do direito internacional e na esfera pública política depois da Guerra do Iraque mais recente. Na minha opinião, a Carta da

---

History, Universality and the Problem of Sovereignty". ["Um momento constitutivo, um sistema de governança, a definição sobre quem pode se tornar membro, hierarquia entre as normas, 'eternidade' e emenda, uma 'Carta', história constitucional, universalidade e o problema da soberania" – N. T.]

ONU fornece uma moldura dentro da qual os Estados-membros não *precisam* mais entender a si mesmos apenas como sujeitos de tratados de direito internacional; com seus cidadãos, eles podem agora se considerar titulares constitutivos de uma sociedade mundial politicamente constituída.

A questão de se os motivos para uma mudança da forma na autopercepção dos sujeitos de direito internacional como essa são suficientes depende sobretudo da dinâmica cultural e econômica da própria sociedade mundial.

5. Três inovações no direito internacional

Quero explicar as três inovações mencionadas – inovações de 1945 e 1948, que vão para além do estado de 1919 e 1928 – com o propósito de tornar compreensíveis as razões pelas quais este tema forma o pano de fundo para a "divisão do Ocidente".

(a) Kant entendeu o problema da abolição da guerra como um problema da produção de um Estado constitucional cosmopolita. Apesar de esse projeto também ter formado um contexto de motivação para a iniciativa de Woodrow Wilson para criar a Liga das Nações, o estatuto da Liga não estabelece, em si, qualquer relação entre a paz mundial e uma constituição mundial baseada nos direitos humanos. O desenvolvimento do direito internacional continua como um instrumento para alcançar o objetivo de prevenir a guerra. Isso se modifica com a Carta da ONU que, na segunda frase do preâmbulo, imediatamente reafirma "a fé nos direitos fundamentais do homem, na dignidade e no valor do ser humano" e que, no artigo 1º, números 1 e 3, vincula os objetivos políticos da paz mundial

O Ocidente dividido

e da segurança internacional ao "respeito aos direitos humanos e às liberdades fundamentais para todos, sem distinção de raça, sexo, língua ou religião", respeito que deve ser implementado no mundo inteiro. Esse contexto dá ênfase à Declaração Universal dos Direitos Humanos de 10 de dezembro de 1948, que faz referência expressa às passagens mencionadas no preâmbulo da Carta.

Assim, a comunidade internacional se obriga a fazer valer, no mundo inteiro, princípios constitucionais que até então só haviam sido efetivados no interior dos Estados nacionais.[76] A agenda das Nações Unidas também se ampliou, passo a passo, para além dos objetivos de manutenção da paz especificados no artigo 1º, número 1, em direção à exigência e à implementação globais dos direitos humanos.

Nesse meio-tempo, a Assembleia Geral e o Conselho de Segurança interpretaram os atos de "ruptura da paz", de agressão e de "ameaça à paz" de maneira ampla no sentido de sua política de direitos humanos. Apesar de, num primeiro momento, as Nações Unidas se sentirem responsáveis apenas por conflitos entre Estados e por ações de ataque, a organização passou a reagir cada vez mais a conflitos internos como o desmoronamento da autoridade estatal, bem como a guerras civis e a violações massivas de direitos humanos.

A Declaração Universal de Direitos Humanos foi especificada em 1966 pelos pactos internacionais sobre direitos civis e políticos, por um lado, e sobre direitos econômicos, sociais e culturais, por outro. Além disso, foi ampliada por diversas

---

76 Sobre a problemática da internacionalização dos direitos humanos, ver Brunkhorst; Köhler; Lutz-Bachmann (Orgs.), *Recht auf Menschenrechte*.

Jürgen Habermas

convenções antidiscriminação. Nesse contexto, os sistemas de controle e de notificação de violações de direitos humanos que operam no mundo inteiro se tornaram bastante significativos. Caso seja necessário, o Conselho de Direitos Humanos da ONU tem o direito de influenciar diplomaticamente os respectivos governos. Ele também reconhece petições de cidadãos individuais contra violações de direitos contra seu próprio governo. Mesmo que a princípio não tenha grande importância prática, essa reclamação individual é um instrumento de fundamental importância, já que os cidadãos individuais são reconhecidos como sujeitos diretos do direito internacional.[77] No entanto, a distância a ser percorrida no caminho que parte de um direito dos Estados em direção a um direito cosmopolita pode iluminar a circunstância de que, por exemplo, a Convenção contra a Tortura de 1987 entrou de fato em vigor com 51 ratificações, mas foi um número muito menor de Estados que se submeteu às obrigações referentes às reclamações individuais, também previstas nessa convenção.

(b) O núcleo da Carta é a proibição fundamental à violência que não pode ser invalidada por qualquer tratado internacional, seja entre membros de uma aliança militar ou de uma coalizão. A exceção é apenas o caso do direito à autodefesa definido de forma estrita, fechado a reinterpretações não convencionais ou dissonantes. O princípio da não intervenção não vale, portanto, para os membros que atentam contra a proibição geral de violência. A Carta prevê sanções para a violação de regras e, se necessário, também prevê o uso da violência militar

---

77 Hailbronner, *Der Staat und der Einzelne als Völkerrechtssubjekte*, p.161-267.

O Ocidente dividido

na função de polícia.[78] O artigo 42 da Carta marca o segundo e decisivo passo em direção a uma constitucionalização do direito internacional. O Conselho da Liga das Nações só podia sugerir medidas obrigatórias a seus membros. O Conselho de Segurança pode, ele próprio, determinar as medidas militares que considerar necessárias. O artigo 43 autoriza o Conselho de Segurança até mesmo a empregar, sob seu próprio comando, as forças armadas e a ajuda logística que os Estados-membros devem colocar à disposição.

Essa determinação não foi realizada, em nenhum caso foi estabelecido um Alto Comando das Nações Unidas. Nesse meio-tempo, a ONU se engaja em diversos casos. Diante desse fato, certamente seria desejável que os grandes Estados-membros mantivessem unidades para rápidas intervenções em prontidão com essa finalidade. Mas, até agora, o Conselho de Segurança determina (encarrega ou permite) que os Estados-membros mais potentes implementem as sanções por ele adotadas. A prontidão para cooperação por parte das superpotências é obtida pela Carta com a concessão de um direito de veto que coloca a operacionalidade do Conselho de Segurança a uma dura prova. Desde o início estava claro que o que decidiria o destino da organização mundial seria a possibilidade de envolver as potências mundiais (e hoje também a superpotência isolada) numa prática comum. Só então é de se esperar que o hábito a essa prática fomente performativamente, por assim dizer, a consciência entre os participantes para agir como membros de uma comunidade de Estados. Esse papel atinge a consciência

---

78 Frowein; Krisch, Chapter VII. Action with Respect to Threats to the Peace, Breaches of the Peace, and Acts of Aggression, p.701-63.

das potências interventoras de forma mais forte quanto menos elas se privarem das tarefas construtivas do *nation-building*, ou seja, das obrigações de reconstrução de infraestruturas destruídas, de autoridades estatais arruinadas, dos poderes estatais e de fontes sociomorais que se esgotaram.

É possível encontrar um padrão de um governar sem governo mundial na prática ensaiada nesse meio-tempo das intervenções impositivas para prevenção da violência e estabilização da paz – aqui até mesmo no âmbito da função da segurança externa, em que, segundo a concepção clássica, a soberania do Estado deve ser provada antes de tudo. A organização mundial não tem nem a competência para definir suas atribuições por si mesma e ampliá-las como quiser, nem dispõe sobre o monopólio dos meios do uso legítimo da força. O Conselho de Segurança opera em campos políticos estritamente delimitados, sob as condições de monopólios da violência descentralizados e localizados em Estados individuais. Mas, em geral, a autoridade do Secretário-Geral é suficiente para mobilizar as capacidades e os meios necessários para a implementação das decisões do Conselho de Segurança.

O poder sancionatório do Conselho de Segurança também se estende ao estabelecimento de tribunais que processam os crimes punidos em âmbito internacional (crimes de guerra, a preparação de guerras de agressão, genocídio e outros crimes contra a humanidade). Nesse ínterim, os tribunais também responsabilizaram pessoalmente membros de governos, funcionários públicos, empregados e outros voluntários por atos que eles cometeram a serviço de um regime criminoso. Essa é uma outra prova de que o direito internacional não é mais só um direito de Estados.

O Ocidente dividido

(c) Em oposição à concepção da Liga das Nações como uma vanguarda de Estados que já conquistaram uma constituição liberal, as Nações Unidas já são, desde o início, orientadas para a inclusão. É verdade que todos os membros precisam se obrigar a cumprir os fundamentos da Carta e das declarações de direitos humanos, mas, desde o primeiro dia, Estados como Rússia e China estão até mesmo entre os membros do Conselho de Segurança com direito de veto. A organização mundial, que cresceu para 193 membros, abarca hoje, além de regimes constitucionais liberais, também regimes autoritários e às vezes até mesmo regimes despóticos e criminosos. O preço é a evidente contradição entre os princípios declarados da organização mundial e os padrões de direitos humanos de fato praticados por alguns Estados-membros. Essa contradição mina as normas válidas e reduz a legitimidade de decisões originadas de procedimentos justos – isso acontece, por exemplo, quando a Líbia exerce a presidência do Comitê de Direitos Humanos.

Por outro lado, a estrutura inclusiva de membros preenche uma condição necessária à demanda da comunidade internacional de transformar conflitos entre Estados em conflitos internos.

Se todos os conflitos forem resolvidos pacificamente e, em analogia com o processo penal, a Justiça e a execução penal, fossem conduzidos por trilhos civilizados, todos os Estados seriam obrigados, sem exceção, a ser simultaneamente tratados como participantes e como concernidos na comunidade internacional. A "unidade" política e jurídica "de todas as nações", pressuposta no espírito cristão desde Francisco de Vitória e Francisco Suárez, tomou forma institucional pela primeira vez na ONU. De forma correspondente, o artigo 103 da Carta

Jürgen Habermas

justifica a primazia do direito das Nações Unidas sobre todos os outros tratados internacionais. A tendência de uma hierarquização do direito internacional também é confirmada pelo artigo 53 da Convenção de Viena sobre o Direito dos Tratados:

> uma norma imperativa de Direito Internacional geral é uma norma aceita e reconhecida pela comunidade internacional dos Estados como um todo, como norma da qual nenhuma derrogação é permitida e que só pode ser modificada por norma ulterior de Direito Internacional geral da mesma natureza.

A inclusão de Estados-membros que acabaram de sair do processo de descolonização iniciado depois de 1945 finalmente arrebentou a moldura do direito internacional europeu e pôs fim ao monopólio da interpretação do Ocidente. É verdade que, já no curso do século XIX, países fora da Europa, como os Estados Unidos, o Japão e o Império Otomano, já tinham sido incluídos no círculo dos sujeitos de direito internacional. Mas é só no âmbito da ONU que a percepção sobre o pluralismo cultural e de visão de mundo da sociedade mundial muda o próprio conceito do direito internacional. Como consequência da crescente sensibilização para diferenças raciais, étnicas e religiosas, os membros da Assembleia Geral levaram adiante a tomada recíproca de perspectivas em dimensões que estavam fechadas para Kant (e ainda para Wilson que, do ponto de vista da questão racial nos Estados Unidos, era qualquer outra coisa, menos um progressista). Os catálogos de direitos humanos e a Convenção sobre a eliminação de toda forma de discriminação racial são testemunhos disso. Com a convocação da Conferência de Direitos Humanos de Viena, a ONU

O Ocidente dividido

confirma a necessidade de um diálogo intercultural sobre as interpretações controversas de seus próprios princípios.[79]

6. *A dupla face da Guerra Fria*

A evolução descontínua do direito internacional depois do fim da Segunda Guerra Mundial produziu instituições que, por muitas décadas, levaram uma vida própria e em grande medida encapsulada das realidades políticas. Durante o conflito da Coreia, o Conselho de Segurança chegou mais uma vez a um entendimento sobre medidas militares, mesmo que apenas na forma de um encorajamento à autodefesa coletiva. Durante a Guerra Fria, não foi mais possível continuar com a prática dos tribunais de crimes internacionais de Nuremberg e Tóquio, que era acompanhada da dúvida sobre a "justiça dos vencedores". Sob as condições da ameaça nuclear recíproca da Otan e do Pacto de Varsóvia, as diferenciações metodológicas entre teoria do direito e ciência política, entre direito internacional e ordem internacional perdem, por assim dizer, seu caráter puramente analítico. É no próprio mundo bipolar que se abre o abismo entre normas e fatos – fatos aos quais as normas não podem ser aplicadas. O discurso normativo dos direitos humanos recaiu em mera retórica quando os representantes da "escola realista" das relações internacionais ganharam influência na política tanto de Washington quanto de Moscou.

A constelação da Guerra Fria e a impotência do direito internacional precisaram favorecer uma teoria que partia de uma premissa antropológica simples para chegar à conclusão

---

79 Habermas, Zur Legitimation durch Menschenrechte, p.170-92.

confirmada à primeira vista de que as instituições internacionais precisam permanecer inefetivas.[80] De acordo com a concepção de Hans Morgenthau, o fundador da escola realista, está na natureza dos homens almejar cada vez mais por poder.[81]

As leis objetivas das relações entre Estados, dominadas apenas pelo interesse no poder e na acumulação de poder, também devem estar enraizadas nessa estrutura invariável. Nessa arena, os arranjos jurídicos não podem fazer nada além do que espelhar constelações de interesse instáveis e temporárias estabelecidas entre potências. Condenações e justificações morais que servem para discriminar o adversário são contraprodutivas por apenas intensificarem conflitos que, na melhor das hipóteses, seriam administráveis racionalmente por meio de reflexões realistas com base na teoria dos jogos.[82]

Por outro lado, o desacoplamento de uma retórica ideológica sobre os direitos humanos do cálculo de poder também explica a produção normativa das Nações Unidas – que simultaneamente está livre das pressões da realidade – e uma falta de clareza por todos os lados acerca dos contornos políticos de uma futura ordem mundial. Nem os "realistas", nem os "idealistas" tinham razões para se preocuparem seriamente com uma Constituição política da sociedade mundial. Os primeiros não acreditavam de forma alguma nisso; para os outros, ela deveria estar a uma distância inatingível. Paul W. Kahn, que estabelece uma relação interessante entre o realismo da escola

---

80 Zangl; Zürn, *Krieg und Frieden*, p.38-55.

81 Pangle; Ahrensdorf, *Justice among Nations*, p.218-38.

82 Com esse argumento, Morgenthau segue Carl Schmitt: ver Koskenniemi, Carl Schmitt, Hans Morgenthau, and the Image of Law in International Relations, p.17-34.

O Ocidente dividido

de Morgenthau e o neoliberalismo jurídico dos anos 1990, reconhece a permanente relevância dessa ambiguidade do período do pós-guerra.

A abstenção complementar dos realistas e dos idealistas sobrecarrega o ponto de partida depois de 1989, já que ambos, mesmo que por razões contrárias, negligenciam a clarificação da concepção de uma nova ordem mundial:

> *We can speak of (the Cold War) as an age of tremendous growth in human rights law, but we must simultaneously recognize this as an age of gross violations of human rights. Should we look to the genocide convention or the outbreak of genocidal behavior to characterize this age?* [...] *Should we look to the prohibition on the use of force – the central tenet of the UN order – or the millions of dead in numerous wars that characterized this same period? It was an age that promised constraints on the state through law yet reached a kind of apotheosis of the state in adoption of policies mutually assured destruction. The realist could be dismissive of international law, while the idealist could describe all of the recalcitrant fact as a kind of rearguard action by outmoded political institutions. Similarly, the triumph of the West at the conclusion of the Cold War resists easy characterization* [...]. *Was it our ideas or our military-technological edge, our conception of rights or our economic power that triumphed? Of course, it was both, but that just means that the ambiguity that infused the post-World War II compromise had not been resolved even with the end of the Cold War.*[83]

---

83 Kahn, American Hegemony and International Law, p.1-18; a citação é da p.13. ["Podemos falar (da Guerra Fria) como um período de crescimento tremendo dos direitos humanos, mas, simultaneamente, precisamos reconhecê-lo como um período de grandes violações aos direitos humanos. Devemos olhar para a convenção contra o genocídio ou para a eclosão do comportamento genocida para caracterizar esse período? [...] Devemos olhar para a proibição do uso da força – o

Jürgen Habermas

A ambiguidade não resolvida do período do pós-guerra é um fardo que permanece até hoje. Só depois do conflito em torno da guerra mais recente no Iraque é que o Ocidente tomou consciência da falta de uma perspectiva comum. Em todo caso, nos anos 1990 os neoliberais se deixaram inspirar por uma rápida globalização econômica e passaram a sonhar com a morte do Estado. A retórica de guerra da Casa Branca e o retorno de um regime de segurança hobbesiano foram abruptamente despertados desse sonho. Nesse meio-tempo, diversos cenários para uma futura ordem mundial se desenharam. Ao lado do projeto neoliberal e do projeto kantiano, a visão hegemônica dos neoconservadores norte-americanos ganhou contornos claros e provocou a reação de uma teoria dos grandes espaços [*Großraumordnung*] reavivada pela esquerda sob signos culturalistas. Voltarei a este tema na última parte desde ensaio. Quero primeiro caracterizar a situação atual por alto.

---

princípio central da ordem da ONU – ou para os milhões de mortos em diversas guerras que caracterizam esse mesmo período? Essa foi uma era que prometeu limitações ao Estado por meio do direito, mas que alcançou uma espécie de apoteose do Estado com a adoção de políticas de destruição mútua assegurada. O realista podia desdenhar o direito internacional enquanto o idealista podia descrever todos os fatos recalcitrantes como uma espécie de ação de retaguarda de instituições políticas antiquadas. Da mesma forma, o triunfo do Ocidente ao final da Guerra Fria resiste a uma caracterização fácil [...] Foram nossas ideias ou nossa vantagem tecnológico-militar, nossa concepção de direitos ou nosso poder econômico que triunfaram? É claro que foram ambos, mas isso significa apenas que a ambiguidade que permeou o acordo pós-Segunda Guerra Mundial não tinha sido resolvida mesmo com o fim da Guerra Fria" – N. T.]

O Ocidente dividido

7. *Os ambivalentes anos 1990*

Depois que a concorrência entre sistemas de sociedade foi decidida e que o bloqueio do Conselho de Segurança foi superado, a ONU – até então uma *fleet in being* – se torna um fórum importante da política mundial. Começando com a primeira guerra do Iraque, entre 1990 e 1994, só o Conselho de Segurança autorizou sanções econômicas e intervenções para manutenção da paz em oito casos, operações militares em outros cinco casos. Desde os retrocessos na Bósnia e na Somália, ele passou a operar de forma um pouco mais comedida; independentemente do embargo ao armamento e das sanções econômicas, outras missões autorizadas pela ONU se seguiram no Zaire, na Albânia, na África Central, em Serra Leoa, no Kosovo, no Timor Leste, no Congo e no Afeganistão. O papel político mundial do Conselho de Segurança também ficou claro nos dois casos em que ele negou aprovação para intervenção militar – na intervenção da Otan no Kosovo e na invasão das tropas norte-americanas e britânicas no Iraque. No primeiro caso, havia boas razões para lamentar a incapacidade de decisão do Conselho de Segurança.[84] No outro caso, o Conselho de Segurança reforçou a reputação das Nações Unidas, adquirida pela recusa a um procedimento evidentemente contrário ao direito internacional, na medida em que ele cuidadosamente evitou um reconhecimento posterior dos fatos produzidos pelos militares. Três fatos enfatizam o crescimento do peso político das Nações Unidas.

---

84 Ver p.58 deste livro. Em sentido contrário, veja a análise de conjunto de Krisch, Legality, Morality and the Dilemma of Humanitarian Intervention after Kosovo, p.323-35.

Jürgen Habermas

O Conselho de Segurança não atua apenas em conflitos entre Estados, mas intervém em *conflitos internos aos Estados*:

- em caso de reação à violência, em situações de guerra civil ou de desmoronamento do Estado (como na antiga Iugoslávia, na Libéria, em Angola, no Burundi, na Albânia, na República Centro-Africana e no Timor Leste);
- ou em reação a violações grosseiras de direitos humanos e de limpeza étnica (como na Rodésia e na África do Sul, no norte do Iraque, na Somália, em Ruanda e no Zaire);
- ou para implementar uma ordem democrática (como no Haiti ou em Serra Leoa).[85]

Além disso, o Conselho de Segurança se vinculou à tradição de Nuremberg e Tóquio e instaurou *tribunais para julgar crimes de guerra* no caso do massacre de Ruanda e na antiga Iugoslávia.

Por fim, o conceito questionável dos assim chamados "Estados vilões"[86] (John Rawls fala, de forma mais neutra, de "*outlaw-states*") sinaliza não só a penetração de uma convicção fundamentalista na retórica do poder de liderança do Ocidente, mas também a materialização da *prática de reconhecimento do direito internacional*. Nas relações internacionais, os Estados que violam os padrões de segurança e de proteção aos direitos humanos das Nações Unidas são cada vez mais discriminados. Os frequentes relatórios de organizações e observatórios que operam no mundo inteiro, como o Human Rights Watch e a Amnisty International, contribuem essencialmente para que

---

85 Frowein; Krisch, Chapter VII..., p.724 ss.
86 Derrida, *Schurken*.

O Ocidente dividido

esses Estados percam sua legitimação.[87] Uma combinação de ameaça e trabalho de convencimento vindos de fora e a oposição vinda de dentro levou alguns governos (como o da Indonésia, do Marrocos ou da Líbia) a ceder.

Por outro lado, uma compensação preocupante pode se abrir diante desses progressos. A organização mundial só dispõe de parcos recursos financeiros. Em muitas intervenções, ela esbarra na hesitação de governos que não estão dispostos a cooperar e que continuam a controlar sozinhos os recursos militares e que, por sua vez, dependem da aprovação de suas esferas públicas nacionais. A intervenção nos confrontos da guerra civil da Somália também fracassou porque o governo norte-americano retirou suas tropas em consideração à impressão negativa gerada em sua própria população. Pior ainda do que essas intervenções que não foram bem-sucedidas são aquelas que foram omitidas ou postergadas, por exemplo, no Curdistão iraquiano, em Angola, no Congo, na Nigéria, no Sri Lanka e, na verdade, até mesmo no Afeganistão. Independentemente da circunstância de que os membros do Conselho de Segurança com direito de veto, como a Rússia e a China, têm o poder de impedir qualquer intervenção com base em seus "assuntos internos", é principalmente o continente negro que sofre com a percepção seletiva e a valoração assimétrica das catástrofes humanitárias.

Em Ruanda, já no início de 1994, o comandante das tropas de capacetes azuis lá estacionadas alertava o departamento competente da ONU sobre a iminência de um massacre.

---

87 Frowein, Konstitutionalisierung..., p.429 ss.; Zangl; Zürn, *Frieden und Krieg*, p.254 ss.

Começou no dia 7 de abril o massacre que causaria 800 mil vítimas nos três meses seguintes, principalmente entre a minoria tutsi. A ONU hesitou a respeito de uma intervenção militar, à qual estava obrigada pela Convenção para a Prevenção e Repressão do Crime de Genocídio de 1948. A vergonhosa seletividade com que o Conselho de Segurança percebe e trata os casos revela a primazia que os interesses nacionais ainda desfrutam perante as obrigações globais da comunidade internacional. As obrigações ignoradas imprudentemente sobrecarregam sobretudo o Ocidente que, sem considerar os impactos de uma globalização econômica não institucionalizada politicamente o bastante, não é menos confrontado hoje com os danos resultantes de uma descolonização fracassada do que com as consequências de longa duração de sua história colonial.[88]

As Nações Unidas tratam cada vez mais de um novo tipo de violência em ambas as áreas de sua competência – as ameaças à segurança internacional e as violações massivas aos direitos humanos. Contra os desafios que partem de Estados criminosos, se necessário, a ONU pode proceder com forças militares organizadas por Estados. É verdade que os governos ainda desempenham um papel perigoso na aquisição encoberta e na produção ilegal de armas de destruição em massa; os governos ainda estão envolvidos em limpezas étnicas e em ataques terroristas. Mas os perigos que derivam de Estados criminosos ficam em segundo plano diante dos riscos que têm origem na violência "desnacionalizada". Muitas vezes, as "novas guerras" resultam antes do desmoronamento de uma autoridade estatal que – diferentemente das guerras civis clássicas, com seus *fronts*

---

88 Münkler, *Die neuen Kriege*, p.13 ss.

O Ocidente dividido

ideológicos – se decompõe em uma mistura infeliz de etno-nacionalismo, rivalidade tribal, criminalidade internacional e terrorismo de guerra civil.[89]

Disso se diferencia o perigo do terrorismo internacional que, por ser desterritorializado, é mais difícil de combater e que hoje se abastece das fontes de energia do fundamentalismo religioso.[90] O que é novo não é o cálculo terrorista, nem mesmo (apesar da força simbólica das torres gêmeas) o tipo dos ataques, mas a motivação específica e sobretudo a logística desse poder privatizado que opera no mundo todo, mas que forma uma rede fraca. O "sucesso" que, do ponto de vista desses terroristas, foi obtido desde o Onze de Setembro de 2001 se explica a partir de vários fatores. Dentre eles, não podemos desconsiderar dois – a ressonância sem precedentes que o pavor encontra em uma sociedade altamente complexa e consciente de suas suscetibilidades, e a reação inapropriada de uma superpotência altamente equipada que posiciona o potencial tecnológico das forças militares estatais contra redes não estatais. O cálculo terrorista objetiva o "sucesso" que está em relação direta com as "consequências militares e de política externa, de política interna, jurídicas e sociopsicológicas dos ataques"[91] esperadas.

São evidentes as fraquezas de uma ONU que precisa de reformas. Mas os novos tipos de violência – que exigem, com cada vez mais frequência e de forma cada vez mais obrigatória,

---

89 Ibid., Zangl; Zürn, *Frieden und Krieg*, p.172-205.

90 Para a diferenciação entre os diferentes meios culturais a partir dos quais os movimentos fundamentalistas estabelecem outras motivações, ver Riesebrodt, *Die Rückkehr der Religion*, p.59-94.

91 Waldmann, *Terrorismus und Bürgerkrieg*, p.35.

as atividades de ordenação construtivas e de resolução de conflitos da comunidade internacional – são só o sintoma mais urgente para uma dissolução da constelação nacional e para a passagem para uma constelação pós-nacional. E essas tendências, que hoje chamam atenção sob a palavra-chave da globalização, não são só contrárias ao projeto kantiano de uma ordem cosmopolita. Elas também vão ao encontro desse projeto. A globalização forma um contexto de incorporação para a ideia precursora de um estado cosmopolita. Um contexto em que as resistências contra uma constituição política da sociedade mundial não aparecem como intransponíveis de saída.

8. *Agenda de reforma*

A agenda de reforma para o âmbito central da ONU não é especialmente controversa. Ela é obtida de forma trivial a partir do balanço entre sucessos e deficiências das instituições existentes:

- No que diz respeito às competências amplas do Conselho de Segurança, a forma de composição e o modo de tomada de decisão da situação geopolítica mundial transformada nesse meio-tempo precisam ser adaptadas ao objetivo de fortalecer a capacidade de atuação do Conselho, de representar adequadamente as potências mundiais e as regiões e, assim, também levar em conta os interesses legítimos de uma superpotência incluída na organização mundial.
- O Conselho de Segurança precisa se tornar independente dos interesses nacionais no que diz respeito à

O Ocidente dividido

escolha da agenda e à tomada de decisão. Ele precisa se vincular a regras sujeitas à jurisdição que determinam, de forma geral, quando a ONU está legitimada e quando ela *é obrigada* a intervir.[92]

- O Executivo sofre em razão de um financiamento insuficiente[93] e no modo restritivo de acesso aos recursos dos Estados-membros necessários atualmente. Ele precisa ser fortalecido com base dos monopólios da violência descentralizados em Estados individuais para que possa garantir a imposição das decisões do Conselho de Segurança.

- Nesse meio-tempo, o Tribunal Internacional foi complementado por um Tribunal Penal Internacional (ao qual ainda falta um reconhecimento amplo). Essa prática de jurisdição pode contribuir para uma determinação mais precisa e para a codificação dos crimes já conhecidos e processados em âmbito internacional. Até agora falta o desenvolvimento do *jus in bello* em direção a um direito de intervenção que, em analogia com os direitos de polícia internos aos Estados, protege as populações atingidas das intervenções e medidas da ONU. (Excepcionalmente nesse contexto, o desenvolvimento da tecnologia militar

---

92 Ver a sugestão dada pela *Commission on Intervention and State Sovereignty* ao Conselho de Segurança em dezembro de 2001. A sugestão desloca a ênfase de um "direito à intervenção" para a "responsabilidade pela proteção da população".

93 O orçamento da ONU totaliza algo em torno de 4% do orçamento anual da cidade de Nova York. Dados mais precisos podem ser encontrados em Kwakwa, The International Community, International Law and the United States, p.39.

poderia vir uma vez ao encontro da transformação das guerras em medidas policiais, a saber, com o desenvolvimento das assim chamadas armas de precisão.)

- As decisões legislativas do Conselho de Segurança e da Assembleia Geral precisam de uma legitimação fortalecida, ainda que apenas indiretamente efetiva, de uma esfera pública mundial bem informada. Entre outras opções, a presença permanente de organizações não governamentais (com direito de serem ouvidas nas instituições da ONU e com a obrigação de apresentar relatórios nos parlamentos nacionais) também desempenha um papel importante nesse contexto.

- Mas essa legitimação fraca só é suficiente para a atuação de uma organização mundial quando ela se limita à proteção de direitos claramente especificados, como a proteção contra guerras de agressão, contra atos internacionais de violência e contra violações massivas de direitos humanos.

Nós podemos partir do pressuposto de que esses *direitos elementares* valem como legítimos no mundo inteiro e que o controle judicial da implementação de direitos ocorre, por sua vez, de acordo com regras reconhecidas como legítimas. Em ambos os casos, os procedimentos supranacionais de uma comunidade internacional constituída politicamente, mas desnacionalizada, podem viver como parasitas dos princípios jurídicos que há muito tempo foram afirmados no interior dos estados constitucionais democráticos. No plano supranacional, a *imposição* do direito fica em segundo plano diante das tarefas de *formação* política que, em razão da maior margem de manobra das decisões,

O Ocidente dividido

exigem custos de legitimação mais altos, ou seja, exigem uma participação dos cidadãos mais institucionalizada. Muitas das mais de sessenta organizações especiais e suborganizações da família ONU, das quais não tínhamos falado até então, estão dedicadas a esses trabalhos de caráter político.

É claro que algumas dessas organizações, como a Agência Internacional de Energia Atômica, trabalham como órgãos executivos do Conselho de Segurança quando controlam a produção de armas de destruição em massa. Outras organizações, como a União Postal Universal, que surgiu já no século XIX, e a União Internacional de Telecomunicações, desempenham funções de coordenação em áreas técnicas.

Mas organizações como o Banco Mundial, o Fundo Monetário Internacional e sobretudo a Organização Mundial do Comércio têm um mandato para tomar decisões econômicas relevantes, ou seja, têm mandato para tomar decisões de natureza política. A chave para entender esse conjunto obscuro de organizações internacionais ligadas de maneira frouxa, tanto no ambiente mais próximo ou mais distante da ONU, está nas transformações da sociedade mundial que ocorrem no curso da globalização.

A atenção deve se voltar para esses processos quando se trata da questão de por que os Estados se emaranham em redes transnacionais e até mesmo por que se envolvem em uniões supranacionais – e por que a expectativa de que a reforma hesitante da organização mundial comece de fato um dia não é de todo absurda. Isso porque a globalização da economia e da sociedade condensou um contexto de incorporação – que, em sua época, Kant discutiu para a ideia de Estado cosmopolita – para uma constelação pós-nacional. Por "globalização" entendemos os processos orientados para a expansão, ao redor do mundo, do comércio e da produção, de mercados de bens e mercados financeiros, de modas, mídias e programas, de notícias e redes de comunicação, de fluxos de tráfego e movimentos de migração, dos riscos da alta tecnologia, dos danos ao meio ambiente e epidemias, do crime organizado e do terrorismo. Com isso, os Estados nacionais se enredam em dependências de uma sociedade mundial cada vez mais interdependente, cuja especificidade funcional avança completamente despreocupada com as fronteiras territoriais.

9. A constelação pós-nacional

Esses processos controlados de forma sistêmica transformam as condições sociais para a independência fática dos Estados soberanos.[94] Hoje os Estados nacionais não conseguem mais assegurar, apenas em suas próprias administrações, as fronteiras de seu próprio território, os meios de subsistência de sua própria população, as condições materiais de existência de sua própria sociedade. Dos pontos de vista territorial, social e material, os Estados nacionais se sobrecarregam mutuamente com os efeitos externos de decisões que afetam reciprocamente outros não participantes no processo decisório. Por essa razão, os Estados não conseguem se furtar às exigências de regulação, coordenação e de configuração que têm origem numa sociedade mundial cada vez mais interdependente também do ponto de vista cultural. Eles ainda continuam a ser os atores

---

94 Sobre este tema, ver Beck, *Macht und Gegenmacht im globalen Zeitalter*; Held; McGrew (Orgs.), *Governing Globalization*.

O Ocidente dividido

mais importantes e, em última análise, os autores decisivos no cenário político mundial. Mas é verdade que eles precisam dividir essa arena com *global players* de tipo não estatal, como corporações multinacionais e organizações não governamentais que buscam suas próprias políticas no meio do dinheiro ou da influência. Mas só os Estados dispõem dos recursos de controle do dinheiro e do poder legítimo. Mesmo quando atores não estatais satisfazem a exigência de regulação de sistemas de função transfronteiriços (como, por exemplo, mercados vinculados a escritórios de advocacia com atuação internacional) primeiro em direção a uma legislação privada,[95] isso não se torna "direito" se esses regulamentos não forem postos em prática pelos Estados nacionais ou por órgãos supraestatais, mas constituídos como comunidades políticas.

Por um lado, os Estados nacionais perdem competência (por exemplo, o controle sobre os recursos de regulação das empresas nacionais, mas que operam em âmbito internacional); por outro lado, ganham margem de manobra para um novo tipo de influência política.[96] Quanto mais rápido aprendem a enredar seus interesses nacionais nos novos canais do "governar para além dos governos", mais cedo conseguem substituir as formas tradicionais de pressão diplomática e da ameaça de violência militar por formas "fracas" de exercício do poder. O melhor indicador para a mudança de forma das relações

---

95 Günther, Rechtspluralismus und universaler Code der Legalität: Globalisierung als rechtstheoretisches Problem, p.539-67; Günther; Randeria, Recht, Kultur und Gesellschaft im Prozess der Globalisierung.

96 Zürn, Politik in der postnationalen Konstellation, p.181-204; Zürn, Zu den Merkmalen postnationaler Politik, p.215-34.

internacionais são as fronteiras fluidas entre política interna e política externa.

Dessa forma, a constelação pós-nacional vem então ao encontro de uma progressiva constitucionalização do direito internacional que está a meio caminho. A experiência cotidiana das crescentes interdependências em uma sociedade mundial que se torna cada vez mais complexa transformam discretamente a autopercepção dos Estados nacionais e de seus cidadãos. Os atores que uma vez foram decisivos e independentes aprendem novos papéis – tanto o papel dos participantes de redes transnacionais que se submetem às restrições técnicas da cooperação, bem como a dos membros de organizações internacionais que se deixam obrigar por expectativas normativas e restrições de compromisso. Também não podemos subestimar a influência, com potencial de transformação, da consciência dos discursos internacionais que são desencadeados pela construção de novas relações jurídicas. Por meio da participação em disputas sobre a aplicação desse novo direito, as normas que a princípio só haviam sido reconhecidas verbalmente por funcionários e cidadãos passam a ser cada vez mais internalizadas. Assim, também os Estados nacionais aprendem a entender a si mesmos simultaneamente como membros de comunidades políticas maiores.[97]

No entanto, como observamos no processo de unificação europeia, essa flexibilidade esbarra nas fronteiras da capacidade de resistência das formas de solidariedade existentes quando os Estados nacionais se unem em um regime continental. Assim

---

97 Para esse entendimento social-construtivista sobre a mudança das relações internacionais, ver Wendt, *Social Theory of International Politics*.

O *Ocidente dividido*

que eles se desenvolvem em atores com capacidade de atuação internacional, eles mesmos precisam assumir um caráter estatal. E se as cadeias de legitimação da participação democrática dos cidadãos nessas uniões extensas não devem se romper, a solidariedade dos cidadãos precisa ser ampliada para além das fronteiras nacionais dos Estados-membros.[98] Como em todas as sociedades modernas, a solidariedade é um recurso escasso, mesmo em sua forma abstrata e constituída juridicamente, a forma da solidariedade cidadã.

Mais importante ainda é o sucesso da unificação política da Europa, uma experiência que pode ter a função de exemplo para outras regiões do mundo. Na Ásia, na América Latina, na África e no mundo árabe já existem os primeiros sinais para uma comunitarização política extensa. Se esses pactos não assumirem uma forma mais firme e, não obstante, democrática, vão faltar os atores coletivos que poderiam negociar compromissos políticos no plano internacional e implementá-los ao redor do mundo.

Nesse plano intermediário trabalham organizações internacionais com melhor ou pior desempenho, contanto que elas satisfaçam funções de coordenação. Mas elas falham diante das tarefas globais de configuração da política energética e ambiental, sobretudo da política econômico-financeira, seja porque falta a vontade política ou porque o Ocidente impõe o direito hegemônico de acordo com seu próprio interesse. David Held não deixa de apontar para a divisão desigual de

---

98 Também na França o debate entre os defensores do Estado nacional e os eurofederalistas se inflama em torno desta questão; ver Savidan (Org.), *La République ou l'Europe?*.

chances de vida em um mundo em que 1,2 bilhão de pessoas vivem com menos do que um dólar por dia, em que 46% da população mundial vive com menos de dois dólares por dia, enquanto 20% da população mundial consomem 80% da renda mundial e em que todos os demais indicadores relacionados ao *"human development"* revelam disparidades semelhantes:

> *While free trade is an admirable objective for progressives in principle, it cannot be pursued without attention to the poorest in the least well-off countries who are extremely vulnerable to the initial phasing of external market integration... This will mean that development policies must be directed to ensure the sequencing of global market integration, particularly of capital markets, long-term investment in health care, human capital and physical infrastructure, and the development of transparent, accountable political institutions. But what is striking is that this range of policies has all too often not been pursued.*[99]

---

99 Held, *Global Covenant. The Social Democratic Alternative to the Washington Consensus*, p.58. ["Enquanto, a princípio, o livre-comércio é um objetivo admirável para os progressistas, ele não pode ser atendido sem atenção aos mais pobres nos países menos desenvolvidos, que são extremamente vulneráveis à fase inicial da integração externa dos mercados... Isso significa que as políticas de desenvolvimento devem estar orientadas para garantir a sequência da integração global dos mercados, especialmente dos mercados de capitais, do investimento de longo prazo em saúde, capital humano e infraestrutura física, e o desenvolvimento de instituições políticas transparentes e responsáveis por prestar contas. Mas o que é impressionante é que, muito frequentemente, esse conjunto de políticas não foi adotado" – N. T.]

O Ocidente dividido

A pressão problemática que a sociedade globalizada produz vai acentuar a sensibilidade para a exigência crescente de regulação e para a falta de uma política interna mundial justa no plano transnacional (entre os Estados nacionais e a organização mundial). Neste momento faltam atores e procedimentos para os sistemas de negociação que poderiam dar início a uma política interna mundial como essa. Só é possível imaginar a sociedade mundial constituída politicamente de forma realista como um sistema de múltiplos níveis que permanece incompleto sem esse nível intermediário.

III. Visões alternativas para uma nova ordem mundial

1. Uma virada na política de direito internacional norte- -americana depois do Onze de Setembro?

Os Estados Unidos não precisam mais desenvolver capacidades de atuação no âmbito da política mundial. A superpotência pode se furtar obrigações de direito internacional sem precisar temer sanções severas. Por outro lado, sem o apoio ou a liderança americana, o projeto de uma ordem cosmopolita deve fracassar. Os Estados Unidos precisam decidir se eles querem se vincular às regras do jogo internacional ou se devem afastar e instrumentalizar o direito internacional para tomar as rédeas em suas próprias mãos. Já a decisão do governo Bush de, lado a lado com países como a China, o Iraque, o Iêmen, o Catar e a Líbia, recusar o reconhecimento ao Tribunal Penal Internacional, em especial de forçar a invasão ao Iraque de maneira unilateral, bem como a tentativa simultânea de minar a influência e a reputação das Nações Unidas parecem apontar para uma virada na política de direito internacional norte-americana. Certamente só podemos falar de uma "virada" se os governos norte-americanos estivessem orientados a um curso contrário durante a década de 1990.

Mas, mesmo nessa época, não era possível reconhecer na política de direito internacional norte-americana uma continuidade linear do internacionalismo dos primeiros anos do pós-guerra. Assim como depois de 1945, os Estados Unidos desenvolveram um ativismo considerável no campo do direito internacional depois do final da Guerra Fria. Mas, dessa forma, eles seguiram uma agenda dupla. Por um lado, eles defenderam a liberalização das relações de comércio e dos mercados financeiros, a ampliação do Gatt em direção à Organização Mundial do Comércio, a proteção à propriedade intelectual etc. Sem a iniciativa americana, inovações importantes em outras áreas – como a convenção sobre minas terrestres e armas químicas, a ampliação do Tratado de Não Proliferação de Armas Nucleares, até mesmo o Estatuto de Roma do Tribunal Penal Internacional – também não teriam tomado corpo. Por outro lado, o governo norte-americano não ratificou ou recusou de saída vários tratados, especialmente aqueles nas áreas de controle de armamentos, dos direitos humanos, do julgamento de crimes internacionais e da proteção ao meio ambiente (como a convenção sobre minas terrestres, o Tratado de Proibição Completa de Testes Nucleares – ao mesmo tempo que fracassava a Convenção sobre Armas Biológicas e que os Estados Unidos rescindiam unilateralmente o Tratado Antimísseis Balísticos –, o Protocolo de Kyoto e o Estatuto do Tribunal Penal Internacional). Dos tratados multilaterais

O Ocidente dividido

aprovados em plenário, os Estados Unidos ratificaram, ao todo, um percentual consideravelmente menor do que os outros integrantes do G-7.[100]

Esses exemplos parecem se encaixar no padrão clássico de comportamento de uma potência imperialista que recua de normas de direito internacional porque elas restringem sua própria margem de manobra.[101] Mesmo as intervenções humanitárias e o uso da força autorizado ou ao menos posteriormente legitimado pelo Conselho de Segurança não são representativos de um fortalecimento inequívoco da ONU (como no caso da intervenção da Otan no Kosovo). Do ponto de vista de uma superpotência que faz uso dos instrumentos do multilateralismo internacional para implementar seus próprios interesses, esse desenvolvimento ganha uma importância definitivamente ambígua.[102] O que, por um lado, aparece como avanço em direção à constitucionalização do direito internacional, por outro lado, apresenta-se como uma implementação bem-sucedida do direito imperialista.

Alguns autores querem inclusive entender a política internacionalista para o direito internacional dos Estados Unidos depois de 1945 como uma tentativa hegemônica de ampliar sua própria ordem jurídica nacional para o âmbito global, ou seja, de substituir o direito internacional pelo direito nacional:

---

100 Hippler; Schade, US-Unilateralismus als Problem von internationaler Politik und Global Governance. Ver também as contribuições à Parte VI, *Compliance*, p.427-514.

101 Ver o manuscrito de N. Krisch (na nota 49 deste capítulo).

102 Roth, Bending the Law, Breaking it, or Developing it. The United States and the Humanitarian Use of Force in the Post-Cold War Era, p.232-63.

"*America promoted internationalism and multilateralism for the rest of the world, not for itself*".[103] Desse ponto de vista, mesmo a política decididamente orientada para o plano internacional de Roosevelt e Wilson, que envolveu ambos em alianças ultramar, que, portanto, afastou-os do isolacionismo da doutrina *"American-First"* e que os enredou na política de poder europeia dos aliados, recai na vizinhança do unilateralismo de G. W. Bush. Bush parece herdar ambas as tradições ao mesmo tempo: o idealismo da América missionária e o realismo de Jefferson, que havia alertado a respeito das *entangling alliances*. Com a consciência tranquila, esse presidente implementa unilateralmente os interesses nacionais de ordenamento territorial e de segurança em nome do *ethos* de uma nova ordem liberal mundial porque ele reconhece nela os valores norte-americanos ampliados para o padrão mundial. Se a globalização substituir pela primeira vez o direito da comunidade internacional pelo seu próprio *ethos*, então tudo que de ali em diante se *chamar* direito será, de saída, direito imperialista.

Por outro lado, as evidências em que esse tipo de leitura crítica sobre a política norte-americana para o direito internacional está embasada não justificam a construção precipitada de falsas continuidades. A constelação de uma divisão de poder em grande medida assimétrica em uma sociedade mundial marcada por desigualdades, diferenças culturais e assincronias, mas que se aproxima cada vez mais sob coerções sistêmicas, é ela própria tão ambivalente que seria estranho se fosse possível

---

103 Rubenfeld, Two World Orders, p.32-7; versão reduzida de J. Rubenfeld, Unilateralism and Constitutionalism. ["Os Estados Unidos promoveram o internacionalismo e o multilateralismo para o resto do mundo, não para eles mesmos" – N. T.]

O Ocidente dividido

ler intenções inequívocas nas entrelinhas das decisões políticas de uma superpotência.

Admitamos por uma vez, de forma contrafática, que a superpotência quisesse entender a si mesma como a pioneira da constitucionalização do direito internacional, que quisesse levar adiante o objetivo de uma sociedade cosmopolita constituída politicamente, ainda que em consonância com seus próprios e bem compreendidos interesses, mas que quisesse seguir esses objetivos em conformidade com o procedimento estabelecido. Mesmo nesse caso ideal, não seria possível ler imediatamente em cada um dos passos do apoio hegemônico à juridificação das relações internacionais se, por trás deles, as assimetrias de poder não continuassem a se entrincheirar. Isso porque o direito hegemônico ainda é direito. Certamente um *hegemon* benevolente e perspicaz desse tipo seria o louvor dos historiadores que, pela primeira vez, poderiam observar uma saída feliz dessa experiência difícil. Para os contemporâneos que passassem pelo mesmo processo sem o melhor conhecimento das gerações posteriores, a história se apresenta antes como uma mistura ambivalente de tentativas de constitucionalização, por um lado, e de instrumentalização do direito internacional, por outro. É certo que uma pura virada de um para outro já poderia ser reconhecida também pelos contemporâneos.

Quem *enfileira* o unilateralismo do governo Bush em uma pré-história geral do comportamento imperialista trivializa o significado de uma troca de política que estabeleceu um ponto de viragem. Em setembro de 2002, o presidente norte-americano tornou pública uma nova doutrina de segurança nacional por meio da qual ele se reservou o direito a um primeiro ataque militar (*pre-emptive strike*), um direito aplicável e definido por ele a partir de seus próprios plenos poderes. Em seu discurso sobre a situação da nação no dia 28 de janeiro de 2003, ele declarou solenemente que, se o Conselho de Segurança não aprovasse uma ação militar contra o Iraque, tanto faz como ela fosse justificada, ele desprezaria a proibição de violência da Carta da ONU, se necessário (*"The course of this nation does not depend on the decisions of others"**). Tomados em conjunto, ambos os atos são uma ruptura escandalosa com uma tradição jurídica que até então não havia sido questionada por nenhum governo norte-americano. Elas são expressão do desprezo a uma das maiores realizações civilizatórias da humanidade. Os discursos e as ações desse presidente não permitem concluir outra coisa do que sua vontade de *substituir* a força civilizatória dos procedimentos jurídicos universais pelo armamento de um *ethos* americano provido de uma pretensão de universalidade.

2. *As fraquezas de um liberalismo hegemônico*

Isso me leva de volta à questão inicial: tendo em vista os desafios atuais, a incapacidade temporária de atuação e a falta de eficiência das Nações Unidas são uma razão suficiente para romper com as premissas do projeto kantiano? Desde o final da Guerra Fria, passou a existir uma ordem mundial unipolar em que a superpotência assume uma posição superior e sem possibilidade de concorrência nos âmbitos militar, econômico e tecnológico. Isso é um fato normativamente indiferente. É só

---

* "O curso desta nação não depende das decisões dos outros." (N. T.)

O Ocidente dividido

a interpretação de que com isso foi tomada uma decisão prévia em favor do desenho de uma *pax americana* protegida pelo poder – e não primeiro pelo direito – que exige um juízo normativo. A feliz circunstância de que a superpotência é, ao mesmo tempo, a democracia mais antiga poderia inspirar uma representação completamente diferente do unilateralismo hegemônico, orientada à disseminação da democracia e dos direitos humanos no mundo inteiro. Apesar da concordância abstrata em relação aos objetivos, essa visão se diferencia do projeto kantiano de uma ordem cosmopolita em dois sentidos – tanto no que se refere ao caminho que deve levar a esses objetivos, como também em relação à forma concreta com que esses objetivos devem se realizar.

No que diz respeito ao caminho, um unilateralismo justificado eticamente como esse não está mais vinculado a um procedimento estabelecido pelo direito internacional. E no que diz respeito à forma concreta da nova ordem mundial, o liberalismo hegemônico não objetiva alcançar uma sociedade mundial constituída politicamente em conformidade com o direito, mas uma ordem internacional formal de Estados liberais independentes. Eles estariam, por um lado, sob a proteção de uma superpotência garantidora da paz e, por outro, incorporados aos contextos de uma sociedade mundial desnacionalizada que obedecem aos imperativos de um mercado mundial completamente liberalizado. De acordo com esse desenho, a paz não é garantida pelo direito, mas pelo poder imperialista, e a sociedade mundial não será integrada por uma comunitarização política dos cidadãos mundiais, mas por relações sistêmicas – em última análise, pelo mercado. Nem as razões empíricas e nem as normativas falam a favor dessa visão.

O perigo do terrorismo internacional – que deve ser levado a sério – evidentemente não se deixa combater de forma efetiva com os meios clássicos da guerra entre Estados e, portanto, tampouco com a superioridade militar de uma superpotência que opera de forma unilateral.

Só uma efetiva articulação em rede dos serviços secretos, da polícia e do processo penal conseguirá atingir a logística do inimigo; e só a combinação da modernização social com um entendimento autocrítico entre as culturas conseguirá alcançar as raízes do terrorismo. Esses meios estão mais à disposição de uma comunidade internacional juridificada horizontalmente e baseada na cooperação do que do unilateralismo hegemônico de uma potência mundial que despreza o direito internacional. A imagem de um mundo unipolar que corresponde à distribuição assimétrica do poder político é enganosa por esconder a circunstância de que a complexidade de uma sociedade mundial descentralizada não apenas economicamente não pode mais ser dominada a partir de um centro. Os conflitos entre culturas e religiões do mundo tampouco se deixam conter apenas com meios militares, com crises nos mercados mundiais ou só com meios políticos.

Um liberalismo hegemônico também não é aconselhável por razões normativas. Mesmo quando partimos de um *best-case scenario* e atribuímos as mais puras intenções e as políticas mais inteligentes ao poder hegemônico, o *"hegemon* bem-intencionado" enfrenta dificuldades cognitivas intransponíveis. Um governo que precisa decidir por conta própia sobre autodefesa antecipada e intervenções humanitárias ou sobre a criação de tribunais internacionais pode proceder da forma mais cautelosa possível; mas, na ponderação inevitável dos interesses, ele

O Ocidente dividido

nunca poderá ter certeza se consegue diferenciar os próprios interesses nacionais daqueles interesses universalizáveis que também podem ser partilhados por outras nações. Essa incapacidade é uma questão de lógica do discurso prático e não de boa vontade. Cada antecipação daquilo que é racionalmente aceitável para todas as partes, feita por um dos lados, só pode ser testada se a sugestão presumidamente não acatada for submetida a um procedimento discursivo da formação da opinião e da vontade.

Procedimentos "discursivos" tornam as decisões igualitárias dependentes de argumentações prévias (de forma que só decisões justificadas podem ser aceitas); eles são mais inclusivos (de forma que todas as partes concernidas também possam participar); e eles exigem que os participantes assumam perspectivas recíprocas (de forma que uma ponderação justa de todos interesses possivelmente atingidos possa ser viável). Esse é o sentido cognitivo dos procedimentos de tomada imparcial de decisões. A partir dessa medida, a justificação ética de um procedimento unilateral que evoque os valores pretensamente universais de cada cultura política já permanece deficiente de saída.[104]

Essa falta também não pode ser compensada pela preferência dada a uma Constituição democrática no interior do poder hegemônico. Isso porque os cidadãos estão cognitivamente diante do mesmo problema que o governo. Os cidadãos de uma comunidade política não conseguem antecipar os resultados da interpretação e da aplicação de valores e princípios universais

---

104 Habermas, Replik auf Beiträge zu einem Symposion der Cardozo Law School, p.309-98.

feitas pelos cidadãos de uma outra comunidade política a partir de sua visão local e de seu contexto cultural. Em outro aspecto, a circunstância de que a superpotência é constituída de forma democrática é algo de bastante peso. Os cidadãos de uma comunidade liberal permanecem sensíveis em relação a dissonâncias cognitivas, sejam elas pequenas ou grandes, quando as pretensões universalistas não correspondem à natureza particular dos interesses evidentemente determinantes.

3. O desenho neoliberal e o desenho pós-marxista

No entanto, o liberalismo hegemônico não é a única alternativa ao projeto kantiano. Para finalizar, gostaria de testar três outras visões que hoje encontram seus defensores:

- o já mencionado desenho neoliberal de uma sociedade de mercado mundial desnacionalizada;
- o cenário pós-marxista de um império disperso sem um centro de poder;
- o projeto antikantiano de ordenação de grandes espaços [Großraumordnungen] que, de forma polêmica, afirmam suas formas incomensuráveis de vida contra as demais.

O desenho neoliberal da sociedade de mercado mundial conta com a marginalização do Estado e da política. Em todo caso, para a política sobram as funções residuais dos Estados guarda-noturno,[105] enquanto o direito internacional desnacionalizado se transforma em uma ordem global de direito

---

105 Guéhenno, *Das Ende der Demokratie.*

O Ocidente dividido

privado que institucionaliza as relações de mercado globaliza-
das. O reino das leis que executam a si mesmas não vai mais
exigir sanção estatal porque as atividades de coordenação do
mercado mundial bastam para uma integração pré-estatal da
sociedade mundial. Os Estados marginalizados vão poder re-
gredir a um sistema de função ao lado de muitos outros porque
o isolamento e a despolitização dos cidadãos dessa sociedade
tornam supérfluas as funções de socialização e da formação de
identidade dos cidadãos de um Estado. O regime global de direitos humanos se limita às liberdades negativas dos cidadãos
que assumem um *status* em certa medida "imediato" perante o
mercado mundial.[106]

Essa visão, em voga durante a década de 1990, foi recuperada nesse meio-tempo com a volta do regime de segurança
hobbesiano e da força explosiva das religiões organizadas em

---

106 Kahn, American Hegemony..., p.5: *"As international law expands from a doctrine of state relations to a regime of individual rights, it poses a direct challenge to the traditional, political self-conception of the nation-state. Human rights law imagines a world of depoliticised individual, i. e., individuals whose identity and rights precede their political identifications. Similarly, the international law of commerce imagines a single, global market order in which political divisions are irrelevant. In both the domain of rights and commerce, the state is reduced to a means, not an end"*. ["Na medida em que o direito internacional expande de uma doutrina das relações estatais para um regime de direitos individuais, ele coloca um desafio direto para a autocompreensão política tradicional do Estado-nação. Os direitos humanos imaginam um mundo de indivíduos despolitizados, ou seja, de indivíduos cuja identidade e cujos direitos precedem suas identificações políticas. De forma semelhante, o direito do comércio internacional imagina uma única ordem global de mercado em que as divisões políticas são irrelevantes. Em ambos os domínios – dos direitos e do comércio –, o Estado é reduzido a um meio e não a um fim" – N. T.]

comunidades políticas. A imagem de uma sociedade de mercado mundial não se ajusta mais a um cenário mundial em que o terrorismo internacional entra em cena e em que o fundamentalismo religioso reaviva categorias políticas esquecidas: o "eixo do mal" também torna os adversários inimigos. Mas o maravilhoso novo mundo do neoliberalismo não foi apenas empiricamente desvalorizado; do ponto de vista normativo, ele era fraco desde o início. Ele rouba do indivíduo sua autonomia de cidadão e o liberta nas contingências de um acontecimento complexo e incontrolável. As liberdades subjetivas do sujeito de direito privado são só os fios em que os cidadãos autônomos dessa sociedade balançam como marionetes.

O cenário pós-marxista de um poder imperialista disperso ilumina o avesso do projeto neoliberal, um lado de crítica à globalização. Ele compartilha com o projeto neoliberal o abandono da imagem clássica da política de poder estatal, mas não a imagem contrária de paz global de uma sociedade ocupada com o direito privado. As relações desnacionalizadas de direito privado valem apenas como expressão ideológica de uma dinâmica anônima de poder que abre divisões cada vez mais profundas – entre centros manipuladores e exploradores e periferias que se esvaem em sangue – na sociedade mundial anárquica. A dinâmica global se desprendeu da interação dos Estados e se autonomizou de forma sistêmica, mas, sozinha, ela não passa por cima da economia.[107] No lugar das forças motrizes econômicas do capital que valoriza a si mesmo, entra em cena um poder indeterminado e expressivo que penetra tanto na base quanto na superestrutura e que se expressa tanto na violência

---

107 Hardt; Negri, *Empire*.

O Ocidente dividido

cultural quanto na violência econômica e militar.[108] A descentralização do poder encontra seu eco no caráter local das resistências dispersas.

Esse projeto conceitualmente pouco preciso vive das evidências, que estão no primeiro plano, da desdiferenciação dos poderes estatais em razão de processos de globalização que ampliam uma sociedade mundial cada vez mais densamente conectada, no que diz respeito aos meios de comunicação, e cada vez mais integrada, no que diz respeito à economia, ao mesmo tempo que estendem as disparidades sociais e aprofundam a fragmentação cultural. Esse ponto de vista altamente especulativo, independentemente de como avaliarmos seu resultado para as ciências sociais, não consegue contribuir muito para um diagnóstico sobre o futuro do direito internacional porque, já no plano dos conceitos fundamentais, recusa um lugar

---

108 Koskenniemi, Comments in Chapters 1 and 2, p.98: *"Instead of making room for only a few non-governmental decision makers, I am tempted by the larger vision of Hardt and Negri that the world is in transit toward what they, borrowing from Michel Foucault, call a biopolitical Empire, an Empire that has no capital, that is ruled from no one spot but that is equally binding on Washington and Karachi, and all of us. In this image, there are no interests that arise from States — only interest-positions that are dictated by an impersonal, globally effective economic and cultural logic".* ["Em vez de abrir espaço para apenas poucos atores não governamentais capazes de tomar decisões, estou tentado pela visão mais abrangente de Hardt e Negri a afirmar que o mundo caminha em direção ao que eles chamam, pegando o termo emprestado de Michel Foucault, de um império biopolítico, um império que não tem capital, que não é governado de nenhum lugar, mas que vincula Washington e Karachi da mesma forma, e também todos nós. Nessa imagem, não existem interesses que se originam nos Estados — apenas posições de interesse ditadas por uma lógica econômica e cultural impessoal efetiva globalmente" – N. T.]

para o sentido normativo próprio do meio do direito.[109] Mas a dialética característica da história do direito internacional não se deixa decifrar com um conceito de direito completamente desformalizado. Também precisamos conceder uma "lógica" ao universalismo igualitário-individualista dos direitos humanos e da democracia – uma lógica que interfere na dinâmica do poder.

Como Carl Schmitt discutiu por toda uma vida esse pressuposto universalista do projeto kantiano, sua crítica do direito internacional desperta um interesse renovado entre aqueles que ou contestam a primazia do justo sobre o bom por razões contextuais ou colocam qualquer discurso universalista sob a suspeita de encobrimento de interesses particulares por razões de crítica à razão. Com base em um não cognitivismo moral, o diagnóstico de Schmitt fornece uma explicação para tendências atuais como a desestatização da política e a formação de grandes espaços culturais.

4. Kant ou Carl Schmitt?

Como internacionalista, Carl Schmitt desenvolveu essencialmente dois argumentos. O primeiro deles se volta contra um "conceito não discriminatório de guerra" e uma contínua juridificação das relações internacionais; com o outro argumento – o da substituição dos Estados por grandes territórios comandados de forma imperialista –, ele quer salvar as

---

109 Em outra passagem, com a fórmula cuidadosa da "cultura do formalismo", Koskenniemi (*The Gentle...*, p.494 ss.) leva o papel da normatividade intrínseca do direito bastante em consideração.

O Ocidente dividido

supostas vantagens do direito internacional clássico para além da dissolução do sistema estatal europeu.

Com a defesa da legitimidade da guerra para o direito internacional, Schmitt reage à Liga das Nações e ao Pacto Briand-Kellog, por um lado, e à questão sobre a culpa pela guerra levantada pelo Tratado de Paz de Versalhes, por outro. Isso porque só é possível tornar "culpado" um governo que participou de uma guerra quando ela é discriminada pelo direito internacional. Schmitt justifica a presunção de inocência fundamental do direito internacional clássico com base no fundamento de que avaliações morais dos adversários envenenam as relações internacionais e intensificam as guerras. Ele torna o ideal universalista de paz da política de Wilson para a Liga das Nações responsável pelo fato "de que a diferenciação entre guerras justas e injustas provoca diferenciações cada vez mais profundas e acentuadas, cada vez mais 'totais' entre amigo e inimigo".[110]

Como cada concepção de justiça se torna controversa em âmbito internacional, não é possível haver justiça entre as nações. Aqui está subjacente o pressuposto de que as justificações normativas nas relações internacionais só podem ser um pretexto para encobrir interesses próprios. O partido moralizador busca vantagens próprias por meio da discriminação injusta do adversário; na medida em que ele contesta o *status* de um inimigo respeitado, *justus hostis*, dado ao adversário, ele cria uma relação assimétrica entre partes iguais entre si. Ainda pior: a moralização de uma guerra vista até então com indiferença acende o conflito e deixa a guerra conduzida de forma civilizada e jurídica se "degenerar". Depois da Segunda Guerra

---

110 Schmitt, *Die Wendung zum diskriminierenden Kriegsbegriff*, p.50.

Mundial, Schmitt aprimorou mais uma vez seu argumento em um parecer jurídico na defesa de Friedrich Flick diante do Tribunal de Nuremberg;[111] aparentemente as *"atrocities"* da guerra total[112] não conseguiram abalar sua fé na inocência dos sujeitos de direito internacional.

A queixa contra uma "moralização" da guerra certamente fica no vazio tão logo o banimento da guerra é concebido como um passo para a "juridificação" das relações internacionais. Isso porque uma das consequências desse propósito é substituir a diferenciação entre guerra justa e injusta, justificada de forma material, na religião ou no direito natural, pela diferenciação entre guerras legais e ilegais, baseada no direito e no procedimento. Assim, guerras legais assumem o sentido de medidas policiais mundiais. Depois da criação de um Tribunal Penal Internacional e da codificação dos crimes correspondentes, o direito positivo também alcançaria esse plano internacional e, sob a garantia da ordem do processo penal, protegeria os acusados contra pré-julgamentos morais.[113] No fim das contas, a briga do Conselho de Segurança sobre a evidência escassa para provar a existência de armas de destruição em massa no Iraque e para a continuação das inspeções deixou claro quais funções os procedimentos podem ter diante de questões de guerra e paz.

Segundo a concepção de Schmitt, o pacifismo legal leva inevitavelmente a uma desinibição da violência porque ele parte tacitamente do pressuposto de que *qualquer* tentativa de uma domesticação jurídica da violência de guerra deve fracassar em

---

111 Id., *Das internationalrechtliche Verbrechen des Angriffskrieges.*

112 Ibid., p.16.

113 Günther, Kampf gegen das Böse?, p.135-57.

razão da incomensurabilidade de suas representações de justiça. Estados ou nações concorrentes não conseguem chegar a um acordo em torno de qualquer concepção de justiça – e tampouco em torno dos conceitos liberais de democracia e direitos humanos. No entanto, ele cobra todas as justificativas filosóficas por essa tese.[114] Em vez disso, o não cognitivismo de Schmitt está embasado em um "conceito do político" existencialista.[115] Schmitt está convencido do antagonismo indissolúvel entre nações tanto preparadas para a violência quanto irritáveis, que afirmam suas identidades coletivas umas contra as outras. Nessa dimensão de um conceito de autoafirmação do político determinado primeiro a partir do Estado nacional, depois de forma étnico-nacional e, por fim, concebido apenas de forma vaga como uma filosofia de vida – mas sempre carregado com fantasmas de violência – é, em certa medida, justificado como o contrário sócio-ontológico da concepção kantiana de juridificação da violência política. No universalismo da doutrina kantiana do direito, Schmitt contesta a função de racionalização do poder que a Constituição deve assumir tanto no interior quanto para além do Estado nacional.

Para Schmitt, o núcleo irracional impenetrável do poder burocrático de um executivo estatal é antes de tudo o lugar do político. A domesticação feita pelo Estado de direito precisa se deter diante desse núcleo porque, do contrário, a substância estatal da pura autoafirmação contra inimigos externos e

---

114 Por isso eu posso deixar a questão do cognitivismo na ética como está aqui: ver Habermas, *Erläuterungen zur Diskursethik*.

115 Mehring (Org.), *Ein kooperativer Kommentar zu Carl Schmitt "Der Begriff des Politischen"*.

internos seria prejudicada.[116] A ideia de "Estado por trás do direito", com a qual Schmitt herda apenas o positivismo antiparlamentarista da vontade do Estado da Alemanha imperial, teve, por meio de seus alunos, repercussão já na teoria do direito do Estado da república federativa alemã. Mas, durante a década de 1930, o próprio Schmitt já tinha desacoplado do Estado seu conceito expressivo e dinâmico do político. Ele o transportou primeiro ao "povo" mobilizado, ou seja, à nação colocada em movimento de forma fascista, e depois também aos guerrilheiros em combate, aos partidos em guerra civil, a movimentos de libertação etc. Podemos presumir que hoje ele também aplicaria o conceito aos grupos fanáticos de terroristas que cometem atentados suicidas:

> Em sua defesa enfática do político como um mundo de associações humanas que podem exigir a predisposição à morte de seus membros, trata-se, em última análise, de uma crítica moral fundamental de Schmitt a um mundo sem transcendência e sem seriedade existencial, a uma "dinâmica da eterna concorrência e da eterna discussão", à "crença de massa de um ativismo antirreligioso neste mundo".[117]

Já em 1938, na segunda edição de seu ensaio *Zum diskriminierenden Kriegsbegriff* [Sobre o conceito de guerras discriminatórias], Schmitt se distancia de uma leitura conservadora de sua crítica à proibição de violência do direito internacional. Como

---

116 Schönberger, Der Begriff des Staates im Begriff des Politischen, p.21; ver também Brunkhorst, Der lange Schatten des Staatswillenpositivismus, p.360-3.

117 Schönberger, Der Begriff des Staates im Begriff des Politischen, p.41.

O Ocidente dividido

nesse meio-tempo ele aceitou a virada em direção à guerra "total" – da qual ele tinha antes lamentado como uma consequência da abolição humanitária da guerra –, ele condena uma volta ao direito internacional clássico de Estados beligerantes como reacionária: "Nossa crítica não se dirige, portanto, contra o pensamento em favor de reorganizações fundamentais".[118] Logo em seguida, em 1941, no meio da guerra e já tendo a expansão do império alemão para o Leste Europeu em vista, Schmitt desenvolve uma concepção de direito internacional voltada para a frente, genuinamente fascista,[119] mas rapidamente desnazificada depois da guerra.[120] Esse segundo argumento incorpora a ideia de uma desestatização do político e, em resposta, esboça o projeto de uma ordenação dos grandes territórios [*Großraumordnung*] que deveria novamente dar uma forma autoritária às energias políticas que escoavam perigosamente.

Schmitt escolhe a Doutrina Monroe de 1823 (em uma leitura adequada) como caso-modelo para uma construção de direito internacional que divide o mundo territorialmente em "grandes espaços" [*Großräume*] e os resguarda contra as intervenções de "potências estrangeiras": "Por meio da exclusão de intervenções de potências estrangeiras, a doutrina Monroe original tinha o sentido político de defender uma nova ideia política contra as potências que então defendiam a legitimidade do *status quo*".[121] As linhas de demarcação estabelecidas pelo direito internacional separam "áreas de jurisdição" [*Hoheitsräume*] que não são concebidas como pertencentes a um Estado, mas como

---

118 Schmitt, *Die Wendung...*, p.53.
119 Id., *Völkerrechtliche Großraumordnung*.
120 Id., *Der Nomos der Erde im Völkerrecht des Jus Publicum Europäum*.
121 Id., *Völkerrechtliche Großraumordnung*, p.34.

"esferas de influência" submetidas à supremacia das potências imperiais bem como à difusão de suas ideias políticas. Os "impérios" são organizados de forma hierárquica. Em seu território, nações e grupos étnicos dependentes se submetem à autoridade de um poder de liderança "nato" que conquistou sua posição de superioridade por meio de seu desempenho histórico. A posição de um sujeito de direito internacional não caiu em seu colo:

> Nem todos os povos estão em condições de passar pela prova de desempenho contida na criação de um aparelho de Estado moderno e bom, e muito poucos cresceram em uma guerra moderna a partir de suas próprias capacidades organizatórias, industriais e técnicas.[122]

A ordenação dos grandes espaços [*Großraumordnung*] de direito internacional transporta o princípio de não intervenção para as esferas de influência de grandes potências que afirmam sua cultura e sua forma de vida uma contra a outra de maneira soberana e, caso necessário, com força militar. O conceito do "político" foi suprimido na força de assertividade e de difusão das potências imperiais que marcam a identidade de um grande espaço [*Großraum*] por meio de suas ideias, valores e formas de vida nacionais. Como antes, as concepções de justiça são incomensuráveis. Assim como a ordem clássica do direito internacional, a nova ordem não encontra sua garantia "em qualquer conteúdo de ideias sobre justiça, tampouco em uma consciência internacional do direito", mas no "equilíbrio das potências".[123]

---

122 Ibid., p.59.
123 Ibid., p.56.

O Ocidente dividido

Eu dei lugar a esse projeto de ordenação dos grandes espaços [*Großraumordnung*] de direito internacional originariamente cunhado para o "Terceiro Reich" porque ele poderia ganhar um *Zeitgeist-appeal* fatal. O projeto está vinculado a tendências de desestatização da política sem subestimar – como o fazem o desenho neoliberal e o pós-marxista – o real papel das comunidades políticas e de governos com capacidade de ação. Ele antecipa a formação de regimes continentais que também desempenham um papel importante no projeto kantiano. Mas o desenho ocupa esses grandes territórios com conotações que tocam na ideia de uma "guerra entre as culturas". Ele opera com um conceito de poder dinâmico-expressivo que teve entrada nas teorias pós-modernas. E ele corresponde com um ceticismo amplamente difundido acerca da possibilidade de um entendimento intercultural sobre interpretações dos direitos humanos e da democracia capazes de serem aceitas universalmente.

Com base nesse ceticismo – para o qual certamente existem pontos empíricos de apoio nos sinais dos novos conflitos culturais, mas nenhuma boa razão filosófica –, uma teoria modernizada do grande espaço [*Großraum*] se oferece como um contraprojeto não completamente improvável diante da ordem mundial unipolar do liberalismo hegemônico. O projeto havia nascido já em Schmitt a partir do ressentimento contra a modernidade ocidental, mas ele permanece completamente cego àquelas ideias importantes de autoconfiança, autodeterminação e autorrealização que continuam definindo a autocompreensão normativa da modernidade.

Referências bibliográficas

BAKER, R. S. (Org.). *The Public Papers of Woodrow Wilson*. v.I. Nova York: [s.n.], 1925.

BECK, U. *Macht und Gegenmacht im globalen Zeitalter*. Frankfurt a. M.: [s.n.], 2002.

BEESTERMÖLLER, G. *Die Völkerbundidee*. Stuttgart: [s.n.], 1995.

BOGDANDY, A. Demokratie, Globalisierung, Zukunft des Völkerrechts – eine Bestandsaufnahme. *Zeitschrift für Ausländisches und Öffentliches Recht und Völkerrecht*, v.63, n.4, p.853-77, 2003.

BRANDT, R. Historisch-kritische Beobachtungen zu Kants Friedensschrift. In: MERKEL, R.; WITTMANN, R. (Orgs.). *Zum Ewigen Frieden*. Frankfurt a. M.: [s.n.], 1996.

BRUNKHORST, H. Der lange Schatten des Staatswillenpositivismus, *Leviathan*, ano 31, caderno 3, 2003.

_____. Globale Solidarität: Inklusionsprobleme moderner Gesellschaften. In: WINGERT, L.; GÜNTHER, K. (Orgs.). *Die Öffentlichkeit der Vernunft und die Vernunft der Öffentlichkeit*. Frankfurt a. M.: [s.n.], 2001, p.605-26.

_____. Globalizing Democracy without a State. *Millenium, Journal of International Studies*, v.31, n.3, p.675-90, 2002.

_____. Verfassung ohne Staat? *Leviathan*, 30. Jh., h.4, p.530-43, 2004.

_____. Demokratie in der globalen Rechtsgenossenschaft, *Zeitschrift für Soziologie* (no prelo).

BRUNKHORST, H. *Solidarität. Von der Bürgerfreundschaft zur globalen Rechtsgenossenschaft.* Frankfurt a. M.: [s.n.], 2002.

_____.; KÖHLER, W. R.; LUTZ-BACHMANN, M. (Orgs.). *Recht auf Menschenrechte.* Frankfurt a. M.: [s.n.], 1999.

BRYDE, B.-O. Konstitutionalisierung des Völkerrechts und Internationalisierung des Verfassungsrechts. *Der Staat*, 42, p.62-75, 2003.

BUDELACCI, O. *Kants Friedensprogramm.* Bamberg: [s.n.], 2003.

CZEMPIEL, E. O. *Neue Sicherheit Europa. Eine Kritik an Neorealismus und Realpolitik,* Frankfurt a. M.: [s.n.], 2002.

CZEMPIEL, E. O. *Weltpolitik im Umbruch.* Munique: [s.n.], 1993.

DERRIDA, J. *Schurken.* Frankfurt a. M.: [s.n.], 2003.

DOLZER, R. Wirtschaft und Kultur im Völkerrecht. In: VITZTHUM, W. G. *Völkerrecht.* Berlim: [s.n.], 2007, p.502-19.

FASSBENDER, B. The United Nations Charter as Constitution of the International Community. *Columbia Journal of Transnational Law*, v.36, p.529-619, 1998.

FINE, R. Kant's Theory of Cosmopolitism and Hegel's Critique. *Philosophy & Social Criticism*, v.29, 6, p.611-32, 2003.

FRANKENBERG, G. Die Rückkehr des Vertrages. Überlegungen zur Verfassung der Europäischen Union. In: WINGERT, L.; GÜNTHER, K. (Orgs.). *Die Öffentlichkeit der Vernunft und die Vernunft der Öffentlichkeit.* Frankfurt a. M.: [s.n.], 2001, p.507-38.

FRÖBEL, J.*System der socialen Politik.* 2.ed. Mannheim: Scientia de Aalen, 1975 [1847], v.I e II.

_____. *Theorie der Politik.* Aalen: Scientia de Aalen, 1975 [1861], v.I e II.

FROWEIN, J. A. Konstitutionalisierung des Völkerrechts. *Völkerrecht und Internationales Recht in einem sich globalisierenden internationalen System*, Bericht der Deutschen Gesellschaft für Völkerrecht, v.39, Heidelberg, p.427-47, 2000.

_____.; KRISCH, N. Chapter VII. Action with Respect to Threats to the Peace, Breaches of the Peace, and Acts of Aggression. In: SIMMA, B. (Org.). *The Charter of the United Nations. A Commentary*, 2.ed. Oxford: [s.n.], 2002, p.701-63.

O Ocidente dividido

GERHARDT, V. *I. Kants Entwurf 'Zum Ewigen Frieden'*. Darmstadt: [s.n.], 1995.

GOSEPATH St.; MERLE, J. C. (Orgs.). *Weltrepublik: Globalisierung und Demokratie*. Munique: [s.n.], 2002.

GREVEN, M. T.; SCHMALZ-BRUNS, R. (Orgs.). *Politische Theorie – heute*. Baden-Baden: [s.n.], 1999.

GUÉHENNO, J. M. *Das Ende der Demokratie*. Munique; Zurique: [s.n.], 1994.

GUILLAUME, G. Terrorism and International Law. *International Criminal Law Quarterly*, v.53, p.537-48, jul. 2004.

GÜNTHER, K. Kampf gegen das Böse? *Kritische Justiz* 27, p.135-57, 1994.

_____. Rechtspluralismus und universaler Code der Legalität: Globalisierung als rechtstheoretisches Problem. In: WINGERT, L.; GÜNTHER, K. (Orgs.). *Die Öffentlichkeit der Vernunft und die Vernunft der Öffentlichkeit*. Frankfurt a. M.: [s.n.], 2001, p.539-67.

_____.; RANDERIA, S. Recht, Kultur und Gesellschaft im Prozess der Globalisierung. *Schriftenreihe der Werner Reimers Stiftung*, n.4, Bad Homburg, 2001.

HABERMAS, J. Der demokratische Rechtsstaat – eine paradoxe Verbindung widersprüchlicher Prinzipien?. In: HABERMAS, J. *Zeit der Übergänge*. Frankfurt a. M.: [s.n.], 2001, p.133-51.

_____. Kants Idee des ewigen Friedens – aus dem historischen Abstand von 200 Jahren. In: HABERMAS, J. *Die Einbeziehung des Anderen*. Frankfurt a. M.: [s.n.], 1996, p.192-236.

_____. Replik auf Beiträge zu einem Symposion der Cardozo Law School. In: HABERMAS, J. *Die Einbeziehung des Anderen*. Frankfurt a. M.: [s.n.], 1996, p.309-98.

_____. Über den internen Zusammenhang von Rechtsstaat und Demokratie. In: HABERMAS, J. *Die Einbeziehung des Anderen*. Frankfurt a. M.: [s.n.], 1996, p.293-305.

_____. Volkssouveränität als Verfahren (1988). In: HABERMAS, J. *Faktizität und Geltung*. Frankfurt a. M.: [s.n.], 1992.

_____. Zur Legitimation durch Menschenrechte. In: HABERMAS, J. *Die postnationale Konstellation*. Frankfurt a. M.: [s.n.], 1998, p.170-92.

HABERMAS, J. *Die postnationale Konstellation*. Frankfurt a. M.: [s.n.], 1998.

_____. *Erläuterungen zur Diskursethik*. Frankfurt a. M.: [s.n.], 1991.

_____. *Faktizität und Geltung*, Frankfurt a. M.: [s.n.], 1992.

HAILBRONNER, K. Der Staat und der Einzelne als Völkerrechtssubjekte. In: VITZTHUM, W. G. *Völkerrecht*. Berlim: [s.n.], 2007, p.161-267.

HARDT, M.; NEGRI, A. *Empire*. [s.l.]: Harvard, 2002.

HELD, D. *Global Covenant. The Social Democratic Alternative to the Washington Consensus*. Cambridge: Cambridge University, 2004.

HELD, D.; MCGREW, A. (Orgs.). *Governing Globalization*. Cambridge, UK: [s.n.], 2002.

HIPPLER, J.; SCHADE, J. US-Unilateralismus als Problem von internationaler Politik und Global Governance, *INEF*, Universität Duisburg, caderno 70, 2003.

HÖFFE, O. *Demokratie im Zeitalter der Globalisierung*. Munique: [s.n.], 1999.

_____. *I. Kant, Zum Ewigen Frieden*. Berlim: [s.n.], 1995.

JACHTENFUNDS, M.; KNODT, M. (Orgs.). *Regieren in internationalen Organisationen*. Opladen: [s.n.], 2002.

KAHN, P. W. American Hegemony and International Law. *Chicago Journal of International Law*, v.2, p.1-18, 2000.

KANT, I. *Idee zu einer Allgemeinen Geschichte*. In: *Werke in 4 Bänden*. Organizado por W. Weischedel, [Darmstadt: Wissenschaftliche Buchgesellschaft, 1968], v.IV.

_____. *Rechtslehre*. In: *Werke in 6 Bänden*. Organizado por W. Weischedel, [Darmstadt: Wissenschaftliche Buchgesellschaft, 1968], v.VI.

_____. *Streit der Fakultäten*. In: *Werke in 6 Bänden*. Organizado por W. Weischedel, [Darmstadt: Wissenschaftliche Buchgesellschaft, 1968], v.VI.

_____. *Über den Gemeinspruch: Das mag in der Theorie richtig sein, taugt aber nicht für die Praxis*. In: *Werke in 6 Bänden*. Organizado por W. Weischedel, [Darmstadt: Wissenschaftliche Buchgesellschaft, 1968], v.VI.

_____. *Zum Ewigen Frieden*. In: *Werke in 6 Bänden*. Organizado por W. Weischedel, [Darmstadt: Wissenschaftliche Buchgesellschaft, 1968], v.VI.

O Ocidente dividido

KERSTING, W. Globale Rechtsordnung oder weltweite Verteilungs-gerechtigkeit?. In: KERSTING, W. *Recht, Gerechtigkeit und demokratische Tugend*. Frankfurt a. M.: [s.n.], 1997, p.243-315.

KLEIN, E. Die internationalen und supranationalen Organisationen. In: VITZTHUM, W. G. *Völkerrecht*. Berlin: [s.n.], 2007.

KLEINGELD, P. *Kant's Theory of Peace* (Ms 2004).

KNOCK, T. *Woodrow Wilson and the League of Nations*. Princeton: [s.n.], 1982.

KOHLER-KOCH, B. (Org.). Regieren in entgrenzten Räumen. *Politische Vierteljahresschrift*, ano 39, 1998.

KOSKENNIEMI, M. Carl Schmitt, Hans Morgenthau, and the Image of Law in International Relations. In: BYERS, M. (Org.), *The Role of Law in International Politics*. Oxford: [s.n.], 2000, p.17-34.

KOSKENNIEMI, M. Comments in Chapters 1 and 2. In: BYERS, M.; NOLTE, G. (Orgs.). *United States Hegemony and the Foundations of International Law*. Cambridge: [s.n.], 2003.

KOSKENNIEMI, M. *The Gentle Civilizer of Nations. The Rise and Fall of International Law 1870-1960*. Cambridge: [s.n.], 2002.

KRISCH, N. Legality, Morality and the Dilemma of Humanitarian Intervention after Kosovo. *European Journal of International Law*, v.13, n.1, p.323-35.

KUNIG, P. Völkerrecht und staatliches Recht. In: Vitzhum, W. Graf. *Völkerrecht*. 2.ed. Berlin: [s.n.], 2001.

KWAKWA, E. The International Community, International Law and the United States. In: BYERS, M.; NOLTE, G. (Orgs.). *United States Hegemony and the Foundations of International Law*. Cambridge: [s.n.], 2003.

LASSON, A. *Prinzip und Zukunft des Völkerrechts*. Berlim: [s.n.], 1871.

MAUS, I. *Zur Aufklärung der Demokratietheorie*. Frankfurt a. M.: [s.n.], 1992.

MCCARTHY, T. A. On Reconciling Cosmopolitan Unity and National Diversity. DEGREIFF, P.; CRONIN, C. (Orgs.). *Global Justice and Transnational Politics*. Cambridge: Cambridge, 2002.

MEHRING, R. (Org.). *Ein kooperativer Kommentar zu Carl Schmitt Der Begriff des Politischen*. Berlin: [s.n.], 2003.

MÖLLERS, C. Verfassungsgebende Gewalt – Verfassung – Konstitutionalisierung. Begriffe der Verfassung in Europa. In: BOGDANDY (Org.), A. *Europäisches Verfassungsrecht*. Berlim: [s.n.], 2003, p.1-56.

OETER, St. Souveränität und Demokratie als Problem der Verfassungsentwicklung der Europäische Union. *Zeitschrift für Ausländisches Öffentliches Recht und Völkerrecht*, ano 55, caderno 3, p.659-712.

OFFE, C. Sozialpolitik und internationale Politik. Über zwei Hindernisse auf dem Wege zum 'Zusammenhalt' Europas (Ms – out. 2002).

PANGLE, T. L.; AHRENSDORF, P. J. *Justice among Nations*. Lawrence, Kansas: [s.n.], 1999.

RIESEBRODT, M. *Die Rückkehr der Religion*. Munique: [s.n.], 2001.

ROTH, B. R. Bending the Law, Breaking it, or Developing it. The United States and the Humanitarian Use of Force in the Post-Cold War Era. In: BYERS, M.; NOLTE, G. (Orgs.). *United States Hegemony and the Foundations of International Law*. Cambridge: [s.n.], 2003, p.232-63.

RUBENFELD, J. Two World Orders. *Prospect*, p.32-7, jan. 2004.

RUBENFELD, J. Unilateralism and Constitutionalism. In: NOLTE, G. (Org.). *American and European Constitutionalism, Part IV* (no prelo).

SAVIDAN, P. (Org.), *La République ou l'Europe?*. Paris: [s.n.], 2004.

SCHMITT, C. *Das internationalrechtliche Verbrechen des Angriffskrieges*. Organizado por H. Quaritsch. Berlim: [s.n.], 1994.

_____. *Der Nomos der Erde im Völkerrecht des Jus Publicum Europäum*. Berlim: [s.n.], 1997 [1950].

_____. *Die Wendung zum diskriminierenden Kriegsbegriff*. Berlim: [s.n.], 1988 [1938].

_____. *Völkerrechtliche Großraumordnung*. Berlim: [s.n.], 1991 [1941].

SCHÖNBERGER, C. Der Begriff des Staates im Begriff des Politischen. In: MEHRING, R. (Org.). *Ein kooperativer Kommentar zu Carl Schmitt Der Begriff des Politischen*. Berlim: [s.n.], 2003.

VERDROSS A.; SIMMA, B. *Universelles Völkerrecht*. 3.ed. Berlim, 1984.

VORUBA, G. The Enlargement Crisis of the European Union. *Journal of European Social Policy*, v.13, p.35-57, 2003.

O *Ocidente dividido*

WALDMANN, P. *Terrorismus und Bürgerkrieg*. Munique: [s.n.], 2003.

WENDT, A. *Social Theory of International Politics*. Cambridge: [s.n.], 1999.

ZANGL, B.; ZÜRN, M. *Krieg und Frieden*. Frankfurt a. M.: [s.n.], 2003, p.38-55.

ZÜRN, M. Democratic Governance beyond the Nation State: the EU and Other International Institutions. *European Journal of International Relations*, v.6, p.183-221, 2000.

_____. Politik in der postnationalen Konstellation. In: LAND-FRIED, C. (Org.). *Politik in der entgrenzten Welt*. Colônia: [s.n.], 2001, p.181-204.

_____. Zu den Merkmalen postnationaler Politik. In: JACHTEN-FUCHS, M.; KNODT, M. (Orgs.). *Regieren in internationalen Institutionen*. Opladen: Leske & Budrich, 2002, p.215-34.

Índice onomástico

A

Archibugi, Daniele, 16-7n.4
Arendt, Hannah, 93
Atatürk, Mustafa Kemal, 110
Atta, 37
Aznar, José María, 132

B

Bartoszewski, Wladyslaw, 96
Bin Laden, Osama, 27, 29-30
Blair, Tony, 85
Bogdandy, Armin von, 161, 208n.50
Borradori, Giovanna, 25n.1, 125
Brandt, R., 179n.28
Brecht, Bertolt, 51
Brunkhorst, Hauke, 161, 163n.1, 192, 225n.76, 266n.117
Bush, George W., 16, 30, 32, 39, 70, 85, 121, 126, 130, 133-4, 137, 140, 146-7, 157, 249, 252-3
Bush, George, 137

C

Cheney, Dick, 157
Chomsky, Noam, 125
Churchill, Winston, 113

D

Derrida, Jacques, 69-70, 100, 127, 129, 131
Dworkin, Ronald, 138, 195

E

Eco, Umberto, 69n.1, 128
Edelmann, Marek, 96
Eisenmann, Peter, 96

F

Fassbender, B., 222n.75
Ferry, Jean-Marc, 86
Feuerbach, Ludwig, 209
Fischer, Joschka, 72, 97, 113n.3
Flick, Friedrich, 264
Forst, Rainer, 48
Foucault, Michel, 180, 261n.109

Frederico II, 87
Fries, Jakob Friedrich, 209
Fröbel, Friedrich, 209
Fröbel, Julius, 210-4
Fröhlich, Stefan, 58

G
Gerhardt, I., 179n.28
Grimm, Dieter, 119
Grócio, Hugo, 162

H
Hardt, Michael, 261n.109
Hegel, Georg Wilhelm, 209-10, 213-4
Heidegger, Martin, 129
Held, David, 16n.4, 154, 244n.94, 247
Hobbes, Thomas, 134, 170
Hobsbawm, Eric, 59, 76, 128
Höffe, Otfried, 179n.28, 190n.36
Hohmann, Walter, 94
Horkheimer, Max, 93
Hussein, Saddam, 56, 59-60, 64, 77, 130, 164

J
Jaspers, Karl, 129
Jospin, Lionel, 84

K
Kagan, Robert, 134-8, 155
Kahn, Paul W., 232
Kant, Immanuel, 12-4, 18, 27, 45, 59, 127, 129, 134, 145, 152, 162-3, 166, 169-81, 183, 185, 193, 196, 200-3,

206, 209-10, 214, 216-8, 224, 230, 243, 262
Kaufmann, Erich, 214
Kautsky, Karl, 217
Kelsen, Hans, 16-7n.4, 214, 216n.68
Kersting, 179n.28
Kissinger, Henry, 55
Kleingeld, P., 181n.33
Köhler, W. R., 225n.76
Kolakowaski, Leszek, 96
Koskenniemi, Martti, 151, 214, 232n.82, 262n.110
Krisch, Nico, 208n.49, 235n.84, 251n.101

L
Lamers, 131
Lasson, Adolf, 214
Lauterpacht, Hersch, 216n.68
Levinas, Emmanuel, 129
Locke, John, 195
Lucke, Albrecht von, 81n.1
Lutz-Bachmann, M., 225n.76

M
Marx, Karl, 51
McCarthy, Thomas A., 13n.2, 176n.24
McGrew, 244n.94
McIntyre, 42
Mendieta, Eduardo, 125n.1
Merkel, Angela, 98
Michnik, Adam, 84
Mill, John Stuart, 58
Milosevic, Slobodan, 45, 126

Mitscherlich, Alexander, 93
Mitscherlich, Margarete, 93
Möllers, Christoph, 193n.40
Morgenthau, Hans, 232-3
Mulisch, Harry, 130
Muschg, Adolf, 69n.1, 128

N

Negri, Antonio, 261n.109
Nietzsche, Friedrich, 129

O

Offe, Claus, 107

P

Pinochet, Augusto, 45
Powell, Colin, 29
Pufendorf, Samuel, 162
Putin, Vladimir, 140

R

Rambouillet, 58
Rawls, John, 144-5, 152, 236
Rice, Condoleezza, 157
Ricoeur, Paul, 128
Riesebrodt, M., 239n.90
Rochau, Ludwig August von, 213
Roosevelt, Franklin D., 136, 165, 252
Rorty, Richard, 33, 42, 69n.1, 85, 128, 130
Rousseau, Jean-Jacques, 172, 183, 210
Rubinowicz-Gründler, Anna, 91n.1
Rumsfeld, Donald L., 32, 131-2, 142, 157

S

Savater, Fernando, 69n.1, 128
Savidan, Patrick, 247n.98
Scelle, George, 216n.68
Scharpf, Fritz, 107
Schäuble, Wolfgang, 131
Schmitt, Carl, 15, 44, 50, 149-50, 206, 214, 216n.68, 232n.82, 262-7, 269
Schneider, H., 114n.4
Schröder, Gerhard, 84
Schücking, Walther, 214
Sharon, Ariel, 97, 140
Solana, Javier, 72
Spranger, Eduard, 217
Steinbach, Erika, 96
Strauss, Leo, 134
Suárez, Francisco, 162, 229

T

Taylor, Charles, 127
Thatcher, Margaret, 113

V

Vattimo, Gianni, 69n.1, 128
Vitória, Francisco de, 229
Vorländer, Karl, 217

W

Walzer, Michael, 144-5, 148
Welzer, Harald, 95
Wendt, Alexander, 246n.97
Wilson, Woodrow, 136, 165, 214, 216-8, 224, 230, 252, 263
Wolfowitz, Paul, 55

SOBRE O LIVRO

Formato: 14 x 21 cm
Mancha: 23 x 44 paicas
Tipologia: Venetian 301 12,5/16
Papel: Off-white 80 g/m² (miolo)
Cartão Supremo 250 g/m² (capa)

1ª *edição Editora Unesp*: 2016

EQUIPE DE REALIZAÇÃO

Edição de texto
Jorge Pereira Filho (Copidesque)
Tomoe Moroizumi (Revisão)

Capa
Andrea Yanaguita

Editoração eletrônica
Sergio Gzeschnik (Diagramação)

Assitência editorial
Alberto Bononi
Jennifer Rangel de França